AF464575

HAUTE MISSION

DE LA FRANCE

DANS L'AVENIR DES PEUPLES.

Toulouse, Imprimerie de DELSOL.

HAUTE MISSION
DE LA FRANCE

DANS L'AVENIR DES PEUPLES.

Par M. de Lestang,

DE FOIX,

AVOCAT A LA COUR ROYALE DE TOULOUSE.

TOULOUSE,
CHEZ DELBOY, LIBRAIRE,
rue de la Pomme, 71.

PARIS,
GARNIER FRÈRES, ÉDITEURS,
rue Richelieu, 10.

1847.

AVERTISSEMENT.

Lorsqu'on médite en philosophe tous les événements qui se sont succédé depuis le 5 mai 1789, jusqu'à l'an de grâce 1847, on est d'abord saisi, malgré soi, d'un profond sentiment de dégoût..... tant de douleurs, tant de combats, tant de catastrophes, tant de convulsions, pour arriver où nous en sommes!... Misère publique, détresse commerciale, crise financière, dégradation des mœurs, corruption générale et incurable, enchaînement des libertés, abaissement continu de la France!... Telles sont nos conquêtes, tel est notre butin!... Ah! toutes nos luttes et toutes nos victoires sont une cruelle dérision de la destinée!...

Mieux vaut, cent fois, la servitude et la paix que les orages et les angoisses qui n'aboutissent qu'au ridicule et à la mystification!

C'est donc irrévocablement et sans espoir que l'homme est condamné à dévorer ses larmes, à souffrir, à rugir et mourir?

Mais notre esprit se révolte, et une voix intérieure

nous dit que cette affreuse résignation ne doit pas être notre partage. Une crise léthargique et transitoire est la suite naturelle d'une crise convulsive et trop longtemps agitée!

Il y a donc un avenir.... que je ne crois pas éloigné, mais qui se dérobe aux regards sous le voile épais des intérêts, des préjugés et, peut-être aussi, de la peur!...

Depuis près de soixante ans nous cherchons à résoudre le problème de la force par l'union,... et nous sommes plus divisés que jamais!... (Je parle, bien entendu, de la France entière et non pas d'un parti.)

Voyez; quel spectacle édifiant! La révolution de Juillet n'est pas encore parvenue à se mettre d'accord avec elle-même!..... Le centre, la gauche, le centre-gauche, le centre-droit.... que sais-je? Toutes ces fractions plus ou moins constitutionnelles amusent le pays en jouant merveilleusement une partie de paume, donc l'invective est le projectile et dont un portefeuille est le prix! Cette Révolution est en désarroi; nous la voyons tous les jours déposer son bilan, et sa propre loi sur les faillites l'exclut du concordat....; car la France poursuit depuis longtemps contre elle, une instruction en banqueroute frauduleuse....

Napoléon qui monta jusqu'au faîte, *sans renverser personne*, a trop rempli le monde de sa gloire, et trop familiarisé les siens avec les trônes, pour que son nom soit mort, et n'entretienne pas de généreuses illusions.

La République assied ses forces et son espoir sur l'*exil* des uns et l'impopularité des autres, plus encore que sur l'attrait de ses brillantes théories.

Les légitimistes eux-mêmes se divisent en deux camps : ceux qui remontent le fleuve des siècles, ou qui, s'isolant dans la solitude des regrets, attendent, les regards tournés vers le passé, qu'un tour de roue leur rende l'absolutisme et le règne des courtisans. Ces gens-là ne sont redoutables pour personne; ils ne conspirent que contre le bon sens, lequel, du reste, ne leur fait même l'honneur de s'occuper d'eux. A cette catégorie, se rattache une classe d'hommes qui tend avec une infatigable opiniâtreté à la domination universelle; qui affecte avec un rare.... courage d'oublier que son royaume n'est pas de ce monde; qui puise ses inspirations hors du territoire de France, et ne veut rétablir un trône que pour y asseoir l'autel ultramontain..... Ce parti, puisqu'ainsi on le nomme, il faut, je le dis hautement, le proscrire des affaires publiques, parce qu'il est dans le camp légitimiste ce qu'il fut jadis dans le sein de la société, ce qu'il sera toujours partout où l'on voudra subir ses envahissements : un brandon de discorde, un dissolvant mortel... ce sont les Grecs dans le cheval de Troie, c'est le mineur attaché aux flancs de la roche, c'est un danger permanent qu'il faut extirper, repousser, combattre, anéantir !....

Et ceux, qui ne fesant de la monarchie légitime qu'un principe d'ordre, une garantie, un symbole de stabilité, veulent que la légitimité des peuples marche avec celle des rois..... qu'elles soient solidaires et liées par le même contrat. Ceux-là sont les plus embarrassants et les plus incommodes... ils réclament la part du lion... et comme ils la demandent à la France, la France seule a le droit de juger le différent. . . . .
elle le jugera !...

Il ne faut donc pas s'étonner que cette lutte d'intérêts, d'espérances, d'illusions, rende aujourd'hui notre avenir nébuleux ou incertain pour tous, si ce n'est pour ceux qui savent s'élever jusqu'aux pures régions du désintéressement et de l'impartialité.

Voilà pourquoi j'avertis le lecteur que je ne viens ici plaider la cause d'aucun parti ; que je déteste trop les opinions exclusives pour n'être pas à l'abri du danger des affections et des antipathies ; que je repousse loin de moi le manteau des préjugés, quels que soient leur origine, leur nature et leur but. Je l'avertis enfin que je fais de suprêmes efforts pour dégager, en quelque sorte, ma conscience de l'atmosphère humaine, et pour purifier les inébranlables convictions que je livre au public.

Cette tentative aura du moins le mérite du courage... Car c'est aller au-devant du blâme, de la critique et de l'improbation générales que d'attaquer de front toutes les erreurs, tous les préjugés, tous les torts, tous les partis.

Je dis donc aux légitimistes :

Etes-vous les hommes du droit divin, de l'absolutisme et de l'invasion ? Oui. N'allez pas plus loin. Je ne suis pas des vôtres, et je vous préviens que je condamne impitoyablement vos doctrines et vos absurdes espérances.

Etes-vous, au contraire, les hommes de la liberté et de la souveraineté nationale ? Oui... Eh bien ! ne trouvez pas mauvais que je condamne encore tout ce qui, dans le passé, a pu attenter à cette souveraineté, violer le sanctuaire des consciences et cela bien moins pour réveiller la haine des abus que pour en prévenir le retour.

Je dis aux républicains :

Vous êtes aussi, messieurs, les hommes de la souveraineté nationale et de la liberté. Mais, de bonne foi, voulez-vous encore essayer de la convention ? Vous êtes des hommes généreux, pleins de courage, et je sens moi-même au fond du cœur, toute la noblesse, toute la dignité de vos inspirations.... Mais soyez sincères : quel nom invoquez-vous ? quelle devise adoptez-vous ?...... Je fais bon marché des anciennes prétentions de la monarchie et de l'aristocratie.... Mais êtes-vous disposés, du moins, à vous joindre à moi, pour jeter l'anathême aux sanglantes orgies, aux inutiles brigandages qui vinrent inaugurer vos premières conceptions ?... Le seul moyen de s'entendre, c'est d'avouer ses... torts. Posons des questions de principes, et non des questions de personnes. Si vous ne voulez autre chose qu'une liberté raisonnée, discutée par la nation elle-même, et renfermée dans de justes limites ; si vous voulez le gouvernement de la France par la France, les institutions nationales mises à l'abri du despotisme d'un seul *ou de plusieurs*.... Nous sommes très près de nous entendre, et entre vous et moi, il n'y a que la main.

Je dis aux hommes de l'empire :

Je comprends, oui, je comprends très bien le culte de la gloire et des sublimes souvenirs. Je respecte vos regrets... ils prennent leur source dans un sentiment que je verrais, avec douleur, entièrement éteint dans mon pays .. Mais cessez de nourrir de vaines illusions... Le grand homme ne vous a légué que son ombre, et le règne du canon est passé sans retour.

Je dis enfin aux hommes du pouvoir :

Quelle est votre origine? elle vous importune et vous gêne... Mais vous avez beau la renier, vous êtes sortis d'une *Révolution*. Vous avez vous mêmes proclamé la *Souveraineté nationale* et le *droit d'insurrection* qui vous a élevés sur le pavois. Vous avez déclaré, en 1830, que le trône était vacant en *fait* et en *droit*, par la *violation de la Charte* et par l'*héroïque résistance* des citoyens de Paris !.... Eh bien, que voulaient-ils donc ces héroïques insurgés qui renversèrent un trône et chassèrent une dynastie dont vous avez recueilli l'héritage? — Ils voulaient la *liberté de la presse* qu'on venait de suspendre, et que vous *jurâtes* de protéger !....

Qu'avez-vous fait de la liberté de la presse ?

Ils voulaient la sincérité des élections qu'on venait de fausser pour mieux les dominer...

Qu'avez-vous fait des élections ?

Qu'avez-vous fait de la Représentation nationale ?

Qu'avez-vous fait des mœurs publiques ?

Qu'avez-vous fait de la liberté individuelle ?

Qu'avez-vous fait des finances de l'État ?

Qu'avez-vous fait de la marine ?

Qu'avez-vous fait de la prospérité de la France ?

Qu'avez-vous fait de son honneur ?

Et vous répondrez ..... Car vous avez accepté d'avance, le contrôle de votre *Mandant*, et le *Souverain* qui fut votre bienfaiteur, veut enfin vous demander compte de votre gestion .... — Vous répondrez... Malheur à vous si vous avez prévariqué !

Quant à vous, hommes de parti, vous tous, *qui que vous soyez*, je vous le demande : que sont devenus vos éphémères triomphes ? Quel est celui d'entre vous qui a pu, dans son isolement et l'absolutisme exclusif de sa victoire, réunir les matériaux d'un édifice durable, régulier et complet ? Vous avez tous, pourtant, de bonnes idées, de bonnes intentions, et tout ce que la Société actuelle possède de fécondes institutions, chacun de vous, successivement, pourrait en revendiquer sa part. Pourquoi donc ne pas vous tendre la main? Pourquoi ne pas répudier à jamais des haines stériles qui ne sont, soyez en sûrs, que de fragiles malentendus? N'est-ce pas encore assez d'epreuves douloureuses et de tentatives avortées? Le sculpteur qui veut prodiguer à une même statue toutes les perfections de la beauté humaine, les puise, séparément, dans de nombreux et différents modèles. Unissez donc tous vos efforts et toutes vos richesses. Il n'est pas de parti qui n'ait d'utiles offrandes à faire à la patrie! Mais celui qui voudra, seul, triompher, dominer ou absorber tous les autres, celui-là, tôt ou tard, sera toujours vaincu!

Un dernier mot. Le plan de l'ouvrage que je livre, non sans de légitimes hésitations, aux chances de la publicité, est trop vaste pour ne pas offrir des dangers d'insuccès à un écrivain qui fait ses premiers pas dans la carrière littéraire. C'est donc uniquement par mesure de précaution et de prudence, que j'ai cru devoir restreindre ma première publication. Mais je dois annoncer, en même temps, quelles sont les principales matières qui doivent être successivement traitées et livrées à l'impression.

En voici le tableau, suivant l'ordre qu'elles doivent occuper dans les volumes suivants :

Épître au compte de Chambord.

Revue historique. — Introduction.

Haute mission de la France dans l'avenir des peuples.

De la réforme électorale, dans ses rapports avec le principe héréditaire.

Réforme parlementaire.

Réforme administrative.

Réforme postale.

Réforme judiciaire.— Civile.— Criminelle.

Réforme pénitentiaire. — Prison préventive. — Cellules. — Abolition de la peine de mort.

Réforme militaire. — Travaux publics.

Les fortifications de Paris.

La colonisation de l'Afrique.

La marine.

Réforme de la légion-d'honneur.

Extinction du paupérisme. — Organisation du travail.

Les phalanstères. — Système attrayant.

L'impôt du sel.

Liberté de la presse.

Liberté de l'enseignement.

Les chemins de fer. —Les télégraphes électriques; de leur influence sur l'avenir de l'humanité.

La bourse. — L'agiotage. — Les banques. — Le commerce.

Question d'Orient. — Egypte.—Grèce.—Turquie.

La régence.

Le duel.

Etc., etc., etc.

Du reste, il ne faut pas s'y tromper, toutes ces réformes sauront bien se faire jour, indépendamment des réclamations des uns et des résistances des autres. La société actuelle craque de toutes parts et tombe en dissolution. Dix-sept ans ont suffi pour déshonorer la France de Juillet, démasquer l'impuissante ambition de ses nouveaux maîtres, et faire surgir la nécessité de chercher de nouvelles voies.... L'humanité n'est jamais stationnaire, et le fameux *statu quo* lui-même, est emporté malgré lui, par un souffle invisible et vengeur.... La France marche même dans le sommeil; et plus les progrès de sa décomposition sociale et politique sont rapides, plus je crois fermement à sa prochaine résurrection.

Cette croyance n'est nullement ébranlée par la sécurité affectée de cette race nouvelle qui porte le nom, tant soit peu énigmatique, de *Conservateurs*. Conservateurs de quoi, s'il vous plaît?

Est-ce de la dignité nationale? demandez à M. Guizot!

Est-ce de la prospérité publique? demandez aux contribuables!!

Est-ce de la probité administrative? demandez à M. de Girardin, à M. Cubières, à M. Teste, à M. Cunin-Gridaine **ET COMPAGNIE**!!!

Est-ce de la sincérité des élections? demandez à MM. les préfets!!!!

Est-ce de la liberté de la presse? demandez aux lois de septembre, aux journaux de l'opposition et aux procureurs du roi, escamoteurs de circulaires!!!

Est-ce de la liberté de la tribune? demandez *aujourd'hui*, à cette nuée de grenouilles qui coassent dans la mâre du centre..... et demandez *plus tard*, aux trois mille canons qui *protègent la capitale contre l'invasion des Cosaques*, et qui, sous peu, soyez en sûrs, *tourneront la tête* pour demander la parole à un président quelconque ! ! !

. . . .

Est-ce des munificences ambiguës de la charte ?
Est-ce de la pureté de nos institutions ?
Est-ce de toutes les libertés conquises ?
Est-ce des principes cornés en 1830 ?
Conservateurs de quoi, messieurs ?

Mais il est inutile d'adresser tant de questions indiscrètes à des hommes qui s'enveloppent majestueusement d'un vaste manteau d'arlequin, cousu de superbes mépris, de silences dédaigneux, de mensonges cyniques, de fiers démentis (qui n'engagent à rien), de oui, de non, de oh ! oh ! de ah ! ah ! ! !... Et puis, c'est être fort mal élevé que de rappeler à chaque instant leur origine et leur 1830, toujours 1830 ! à des gens qui ne veulent plus en entendre parler.

Il est donc bien établi, selon moi, que ce mot fort original de *Conservateur* ne peut avoir d'autre signification que celle-ci :

Ce qui est bon à *prendre* est bon a *conserver*.......

Bonne chance aux Conservateurs.... Mais, en vérité,

je vous le déclare : Vous *passez*, messieurs ; vous êtes *venés;* et si vous voulez vous *conserver*, je vous conseille d'appeler, au plus vîte, M. Ganal auprès de vous. Faites-vous momifier !! Si vous n'avez pu *conserver* l'estime des contemporains, tâchez de vous *conserver*, au moins, pour l'admiration de la postérité !! La justice posthume n'a jamais failli aux grands hommes... Cette justice, nos neveux vous la rendront. Je suis convaincu, pour mon compte, que lorsque vous aurez payé votre tribut aux vicissitudes humaines.... ou politiques, votre image vénérée occupera la place qui lui est due.

AU COMTE DE CHAMBORD.

« L'histoire est le véritable précep-
» teur des princes, parce qu'ils y trou-
» vent d'utiles leçons que ceux qui les
» approchent n'oseraient pas leur dire»

(Démétrius le phalérien, à Ptolémée roi d'Egypte.)

MONSEIGNEUR,

Il n'est pas de Français digne de porter ce nom, qui depuis tantôt dix-sept ans, n'ait bien souvent senti la rougeur lui monter au front, et qui pour conjurer la douleur de renier sa patrie, n'ait éprouvé le noble désir de sacrifier ses dégoûts à l'espérance, et de chercher dans le présent quelque symbole d'avenir....

La France qui vous suit du regard, se prend parfois à interroger les pèlerins de Londres, de Goritz ou de Frohsdorf; et lorsqu'ils rendent un hommage unanime à l'indépendance de votre caractère, à l'élévation de votre âme, aux richesses de votre intelligence, aux graves et profondes études qui absorbent tous les moments de votre exil, alors, *ceux qui portent le deuil* de la grandeur et de la dignité nationales, ceux qui frappent leur poitrine en demandant *pardon à Dieu et aux hommes*, ceux qui gémissent amèrement sur *leurs immenses déceptions*, TOUS, sont heureux et fiers de se dire vos compatriotes, et moi-même, oubliant un instant ma faiblesse et mon obscurité, j'ose vous dédier avec orgueil ces faibles pages, triste tableau de nos misères contemporaines, où le rayon lointain d'une nouvelle renaissance perce les ombres de la honte et de la corruption universelles!

Monseigneur, je comprends trop bien la noblesse de votre âme, et je respecte trop la majesté de vos infortunes, pour hésiter un seul instant à vous le dire : le livre que j'ose placer ici sous le patronage de votre nom, n'est pas le livre d'un courtisan. Je vois bien à l'horizon une mystérieuse auréole planer sur votre tête de proscrit.... Mais loin de vous apporter un vain tribut de flatteries ou d'illusions mensongères, j'agite le signal sur les écueils où se sont brisés vos pères! Je vous dénonce hautement les fautes dont ils vous léguèrent les cruelles et salutaires leçons... Puisez dans leur histoire de grands et magnifiques exemples; mais gardez, oh! gardez toujours le brûlant souvenir de leurs terribles et lamentables chutes!

Méfiez-vous des hommes de parti, Monseigneur... Rejetez loin de vous ces dévoûments suspects qui masquent de parasites ambitions... Arrière ces fauteurs décrépits d'impossibles préjugés et d'institutions vermoulues! Arrière encore ces hommes qui sous le transparent prétexte de courtiser vos malheurs, ne sont trop souvent que les courtisans d'une prospérité future!... Flatteurs intéressés dont l'égoïste et douteuse fidélité caresse l'espoir d'un prompt retour *fécond en récompenses*... frêles appuis, défenseurs inintelligents qui vous isoleront des sympathies nationales en appelant sur vous des préventions injustes et irréfléchies! Ces hommes, justement impopulaires, dont l'ignorant et fol orgueil a perdu vos ancêtres, sont aujourd'hui *vos plus dangereux ennemis!* ils souillent la pureté de votre cause et la perdront, si vous ne la placez au-dessus de leurs insatiables et mortels services.

Ceux qui vous disent que les peuples sont la propriété des nobles et des rois, insultent à vos lumières et outragent votre cœur.

Ceux qui ne plantent pas leur drapeau dans les profondeurs des masses populaires, sont des ignorants ou des fous qu'il faut plaindre un instant et renier pour toujours.

Ceux qui donnent à vos droits une origine divine et inaltérable, indépendante de la volonté nationale, et ne parlent jamais de la légitimité des peuples que pour la nier ou l'avilir, ceux-là sont anathèmes, et courbent, sans s'en douter, sous le poids des haines et du mépris de la France. Les nations et les rois ont assez expié de mensonges pour avoir le droit de chasser à jamais les imposteurs et les courtisans! C'est seulement à ce prix que la France, toujours monarchique par tradition et par besoin, mais toujours à l'avant-garde des conquêtes sociales et humanitaires, sera pour le monde entier, la métropole du progrès et de la liberté!

Et lorsque, du fond de votre retraite, vous entendez les tristes parodies représentatives dont la tribune française est le honteux théâtre; lorsque vous voyez cette armée de traitres et de parjures se draper fièrement sur le piédestal de l'immortalité, au milieu des flots d'indignation et de haines qui les envahissent et grondent à leurs pieds... Fils de saint Louis, d'Henri IV et de Louis XIV, prenez-les en pitié!... car le sol de la France fut de tout temps volcanique au déshonneur et mortel à la lâcheté!

Nul ne sait, Monseigueur, quelle doit être la dernière vicissitude réservée à votre orageuse carrière, et le destin ne dit pas plus son dernier mot aux races royales qui désespèrent, qu'à celles qui s'endorment dans le succès des trahisons!...............

Je suis, Monseigneur, avec la plus inébranlable confiance...... Mais un Français ne peut dire aujourd'hui ce qu'il est... et j'appelle de tous mes vœux le jour où je pourrai aller demander à l'Autriche le droit qu'on ne retrouve plus dans la patrie de la liberté.

Vte de Lestang.

REVUE HISTORIQUE.

Introduction.

> On a donné plus de 120 batailles en Europe depuis 1600 ; et de tous ces combats, il n'y en a pas eu 10 de décisifs. C'est du sang inutilement répandu pour des intérêts qui changent tous les jours.
>
> *(Voltaire.)*

Il est un homicide fléau qui semblait destiné à promener éternellement ses ravages sur la surface de la terre, depuis que la nature est sortie du sein du Créateur!

Fléau que l'ignorance, l'aveuglement, le fanatisme et la servitude des enfants des hommes ont élevé jusqu'à la hauteur d'une science qui commande encore l'admiration et le respect!

Fléau qui a eu ses autels, ses dieux, ses demi-dieux, et qui possède encore des temples!

Væ victis! Malheur aux vaincus ! incendie et massacre ! ni grâce, ni merci ! mort, victoire , triomphe, honneur et patrie !... tels sont les talismans qui ont fait les hommes ennemis des hommes, et les ont, de tout temps, jetés dans la carrière des combats! Délire lamentable dont la contagion séculaire enveloppa le monde, sous le prestige fascinateur du fantôme de la gloire qui proclame les héros et leur tend la couronne de l'immortalité!

Cette science, qui reçut du génie de la destruction ses lois, ses tribunaux, ses institutions, ses apothéoses, ses récompenses et ses châtiments, semblait aussi avoir reçu du destin une mission funèbre, sanglante, mais éternellement féconde : celle de bouleverser dans tous les sens et de fertiliser la terre, pour sonder la profondeur de ses inépuisables trésors. La fable de Protée n'est peut-être que l'histoire de la nature qui veut être enchaînée et vaincue pour se faire arracher ses secrets... Elle refuse le pain des hommes s'ils ne déchirent sa surface arrosée de la sueur de leurs fronts, et sa jalouse mais impuissante avarice se manifeste par les catastrophes qui attristent ou ensanglantent le berceau des grandes découvertes!

L'œuvre de destruction est accompli.... Hélas! il ne fut que trop long! Le génie de la guerre a replié son manteau des batailles, et le soleil ne se lèvera plus que pour éclairer la grande bataille des idées qui tend, à son tour, à devenir universelle. Le terrain des intelligences, labouré par le soc des révolutions, a reçu d'innombrables germes d'avenir qui commencent à porter leurs fruits. La presse, malgré ses longues tribulations, voit se ranger autour d'elle de nombreux étendards. La littérature, les sciences, les beaux-arts, le commerce, l'industrie ont aussi leur grande armée d'interprètes constamment en avant et toujours sur la brèche pour combattre l'erreur et conquérir la vérité. De cette lutte générale, sont sortis les nombreux systèmes, les écoles sociales ou littéraires dont les fausses, excentriques et souvent monstrueuses inspirations ne sont que les excès passagers du vainqueur, et trahissent un pénible travail de prochain enfantement. La longue et laborieuse éducation de l'humanité touche à son terme; l'ère inaltérable de la raison va s'élever désormais du sein du chaos !

La morale du Christ, cette sublime loi d'amour qui portait dans son sein la rédemption, c'est-à-dire, l'affranchissement, la délivrance, l'émancipation de l'humanité, ne pouvait germer que sous le soleil tardif de l'intelligence. La fraternité était une abstraction et l'évangile un problème que l'enfance des âges du paganisme ne pouvait concevoir. C'était le cœur viril de l'avenir jeté dans le berceau des humaines générations qui ne suivront, chose triste à penser, les préceptes évangéliques, que par intérêt et par calcul, après avoir épuisé les rudes leçons de l'égoïsme et de l'adverse fortune qu'il traîne à sa suite. Aussi la colère et l'individualisme payen vont-ils répondre à l'*heureuse nouvelle* (1) par les persécutions et les supplices. Mais le germe de la vérité vient de tomber au milieu des ténèbres, et pousse lentement ses plus profondes racines dans le sang de ses martyrs, comme la liberté sortira plus tard des cachots de la tyrannie!...

Si de cette époque solennelle qui renfermait le secret de l'avenir, nous remontons vers les temps nébuleux de l'origine du monde, nous trouverons sur nos pas, tantôt de puissantes nations qui, élevant jusqu'au culte l'amour de la patrie, et jusqu'à la haine, le mépris de l'étranger, exercent sur le monde une formidable puissance d'expansion qui doit, un jour, se tourner fatalement contre eux. Ce sont en première ligne les Romains et les Grecs. tantôt des nations éphémères qui se succèdent com-

(1) Εὐ-αγγέλιον, heureuse nouvelle, évangile.

me les moissons des champs. Plus haut, des peuples antiques, vivant isolés dans leur séculaire égoïsme, et enfermés dans des barrières de pierre ou de déserts qui ne les protégeront pas plus, un jour, que leurs lois, leurs sciences et leurs arts; tels sont les Chinois et les Egyptiens. Plus haut encore, nous voyons les Hébreux faire les premiers essais de la vie humaine, sous le patriarcat de la famille, et ne former un peuple qu'après avoir formé des tribus.... Mais ne laissons pas notre esprit s'égarer dans ces immenses régions des temps.... Notre ambitieuse faiblesse ne peut pas plus les embrasser que l'immensité de l'espace. Les investigations impuissantes de l'opiniâtreté humaine ne trouvent plus dans cet infini lointain qu'objets fantastiques et bizarres conceptions, comme l'aventureux aéronaute s'enfonce d'autant plus dans les ténèbres qu'il s'élève plus haut dans le domaine des airs!

Mais si en descendant rapidement l'échelle des âges, nous constatons la stérilité héréditaire des peuples en dehors du grand principe de fraternité qui doit résoudre un jour le problème de l'unité universelle, constatons aussi que ce principe, qui est l'élément essentiel, la grande artère de l'humanité virile, ne devait être ni pressenti, ni reçu, ni compris par les enfants de l'antiquité. Aussi la société traînant péniblement ses langes, marche d'un pas mal assuré à travers les broussailles des siècles. . . . Mais loin de ployer sous le fardeau de sa faiblesse, son énergie se renouvelle et s'affermit dans l'excès même du labeur. Quelle longue épopée! Quel saisissant spectacle offrent à nos regards l'inexpérience et les progrès du géant! Quelle énergique vitalité! mais quelle brutale ignorance! les cités succèdent aux cités, les générations aux générations! La race humaine étend au loin ses flots qui portent toujours avec eux la rage belliqueuse, l'instinct destructif et les timides superstitions de l'adolescence! Ici les farouches Druides commandent la vénération des Gaulois en égorgeant des hommes et adorant un rameau! Là, ce sont les augures romains qui cherchent les destinées de la patrie dans d'immondes entrailles, et précipitent ou arrêtent les phalanges guerrières devant l'aile d'un corbeau! ou bien, les oracles des Grecs, qui jettent, du fond des cavernes, leurs fatidiques impostures et leurs supercheries, comme les irrévocables arrêts de la divinité! Encore un dernier regard, et nous verrons la crédule Egypte se prosterner devant les reptiles des fleuves ou les plantes des jardins!...

Ce torrent d'erreurs qui, de la cime des siècles, tombe dans les profondes vallées des intelligences, s'étendra longtemps sur le monde avant de s'engloutir dans l'océan du passé. Des peuples superstitieux et poussés dans les hasards des conquêtes par un invincible besoin de mouvement et d'action, se lègueront successivement leurs ridicules doctrines propagées par de mystiques spéculateurs, et respectées par la foule crédule des faibles et des ignorants. La législation, la littérature, l'éloquence, l'astronomie élèvent et honorent l'esprit de quelques privilégiés; la guerre seule est un art universel qui compte ses grands hommes par milliers, et ses héroïques annales, déjà si complètes, vont se grossir encore des plus glorieux exploits, pour les transmettre à la dernière postérité!...

Au milieu de cet antagonisme des passions divisant les hommes et les peuples, paraît, tout à coup, une doctrine qui est repoussée comme une barbare superstition, parce qu'elle condamne les haines et renverse le culte des intérêts. Incompréhensible mystère des destinées humaines! Cette pure morale, cette loi d'amour, si glorieuse et si digne de donner la paix au monde, renfermait dans son sein un long et douloureux avenir de larmes, de persécutions, de guerres sanglantes et d'anarchie ! Ses premiers néophytes meurent en héros sous la dent des lions et le fer des bourreaux..... Mais elle comptera plus tard des sectaires et des fanatiques dont la rage infernale s'étanchera dans le meurtre et l'assassinat, au nom du Dieu d'amour, de paix et de concorde ! Ah ! disons-le, pour ne pas succomber sous le poids du découragement, pour ne pas douter de Dieu même et pour tromper le désespoir ! C'est que l'humanité, cruel enfant, ne connaît encore ni les conseils de la raison, ni les inspirations du cœur ! Aussi tous les chefs-d'œuvre de l'esprit humain seront-ils impuissants à inaugurer l'ordre, la paix et la liberté, tant que le principe de la fraternité ne leur prêtera pas son invincible appui. Le Christianisme succède à l'idolâtrie et fait de rapides progrès ; mais la sublime abnégation, les préceptes divins, l'admirable morale du Christ semblent restés dans son tombeau ou être remontés vers les cieux ! L'on serait tenté de croire que l'Evangile s'est trompé de date, et qu'il est venu trop tôt ! Le paganisme est renversé ; les empereurs et les rois protégent la foi chrétienne.... Mais l'égoïsme, l'intérêt personnel survit ; bien plus, il se divise, il se morcelle en quelque sorte, et l'antagonisme des peuples se complique des haines religieuses et des prétentions despotiques des Seigneurs. Les limites, les barrières nationales ne lui suffiront plus ; il lui faudra encore le mystérieux silence des couvents et la sûreté inexpugnable des forteresses féodales. Les hommes, abrutis par l'esclavage et les plus superstitieuses terreurs, vont se prosterner devant les rapaces fourberies des moines et l'insolence des ducs, des comtes, des barons et des marquis ! Le grotesque vertige de la Chevalerie poussera les nobles fainéants et désœuvrés à la conquête des aventures guerrières et amoureuses...... Les Don Quichote blasonnés pourfendront les passants et s'élanceront à l'immortalité..... du ridicule sur leurs superbes *palefrois !* La justice elle-même cherchera dans le *champ clos* les éléments du droit et de l'équité ! L'épée videra les procès par ordre des magistrats ! Les rois prendront grand soin de *réglementer* les *combats judiciaires* et les *gages de batailles* .... Les gentilshommes seuls auront le droit de se couper la gorge ; les roturiers et les vilains seront exclus de cette noble prérogative.... et ces scandales incroyables, ces incompréhensibles aberrations de l'esprit humain, seront naïvement appelés : *Le jugement de Dieu !*

Ce n'est pas tout : les persécutions religieuses, les barbaries atroces, les supplices infâmes vont jeter leur lugubre et sanglant réseau sur le monde chrétien ! Au nom de la loi de Fraternité que le Fils de Dieu scella de son sang, les bûchers vont s'élever !!! Ses premiers disciples se firent martyrs ; leurs successeurs vont se faire bourreaux !... le feu et le gibet deviennent l'*ultima ratio*, le mode suprême de propagande chrétienne et de persuasion ! La France, l'Italie, l'Espagne, le Portugal vont gémir sous les menaces et les supplices à jamais exécrables de la *Sainte Inquisition !* O Humanité ! Humanité ! toi, qui pourrais écraser dans ta main cette poignée de féroces imposteurs, tu humilies ton front, saisie d'effroi devant ces juges maudits d'un sacrilége tribunal ! Quand donc finira le sommeil de ton intelligence ! Qu'y a-t-il de commun entre l'*oubli des injures*, l'*amour du prochain*, l'*humilité*, la *miséricorde*, et la rage frénétique de ces prétendus envoyés de Dieu qui s'engraissent de tes dépouilles et torturent ta chair ? Hâte-toi de les renverser dans la poussière, si tu ne veux un jour les noyer dans le sang ! . . . Mais non ; l'Humanité se tait ; elle ne se plaint pas ; car elle est forte, et le fardeau ne passe pas encore les limites de sa puissance !

Ainsi, malgré l'avènement du Christianisme, que nous dirions prématuré, si nous n'étions convaincu que l'Univers subit l'impulsion d'une volonté suprême et mystérieuse. . . . l'antagonisme est partout, la Fraternité nulle part ! La foi elle même a déjà ouvert une nouvelle carrière à la passion des armes, en appelant la France, l'Allemagne, l'Angleterre à la sainte entreprise des *Croisades* ! Un culte odieux profanait le berceau de la religion chrétienne, et l'Europe entière s'est ébranlée à la voix de Pierre l'Ermite... et d'innombrables armées, dépeuplant l'Occident, se sont précipitées pendant deux siècles à la conquête d'une terre sacrée ! Ces phalanges guerrières, animées d'un saint zèle et d'une indomptable intrépidité, bravent le climat meurtrier de l'Orient et le cimeterre des Sarrasins... Dieu le veut ! Dieu le veut ! Le ciel lui-même a prononcé l'arrêt des infidèles . . . et pourtant les désastres balancent les succès ! Le chrétien et le musulman s'étonnent de leur prodigieuse bravoure ; l'Evangile et l'Alcoran se livrent une guerre d'extermination ; la terre sainte est abreuvée de sang. . . La peste et la famine déciment les soldats du Christ ! et les vainqueurs d'Antioche et de Jérusalem voient enfin leurs généreuses espérances ensevelies dans le tombeau du vertueux Saint-Louis et dans les ruines de Ptolémais !...

Mais la patrie, du moins, commence-t-elle à ouvrir les yeux à la lumière et son cœur à l'espérance? Hélas? non!... Les temps ne sont pas encore venus! Tandis que les suppôts du saint-office brûlent pieusement les hérétiques, les hauts et fiers possesseurs des nobles manoirs, qui, de très bonne foi, se croient supérieurs à l'espèce humaine, accablent les serfs d'insatiables exigences, d'impitoyables extorsions. En vain la Jacquerie (1), premier éclair de l'orage lointain de 89, première éruption du terrible volcan de 93, donne-t-elle au XIVe siècle un signal qui ne sera pas perdu! La féodalité dédaigne ces avis : « Race d'esclaves, courbez la tête « et obéissez; tremble, troupeau servile, et rentre « dans le bercail ». La révolte est vaincue... mais le serf timide deviendra tigre un jour!

Et comme si la terre était fatalement condamnée à périr, avant d'avoir vu briller un seul rayon de sa félicité future, un nouvel élément de destruction vient encore épouvanter le monde accablé sous le poids de ses angoisses! Un moine allemand, nouveau Prométhée, dérobe le feu du ciel, et met les éclats de

(1) 1358.

la foudre entre les mains des hommes. Le fer était trop lent à moissonner dans les champs de bataille... Le bronze et le salpêtre y vomiront le tonnerre et la mort! L'art militaire subit une immense transformation; la *stratégie* va enfanter de sublimes prodiges, et les rapides développements de cette meurtrière découverte promettent encore à l'humanité de longues années de douleurs et de tribulations! La boussole elle-même, en conduisant les vaisseaux de Colomb aux dernières limites de l'Océan, agrandira le champ de mort. La chrétienté va saluer l'idolâtrie... Les canons de Cortès foudroient le nouveau monde, et la *civilisation* européenne soumet la riche Amérique à la foi du plus fort!

N'importe. Le bien l'emportera sur le mal; ces vierges contrées ouvrent une vaste carrière au commerce et à l'industrie; la civilisation transplantée en Amérique, y fait d'immenses et magnifiques progrès, comme la luxueuse végétation de son sol; et les généreux enfants des colonies d'Espagne et d'Angleterre donneront un jour à la vieille Europe de rudes leçons d'indépendance et de liberté!

Mais un événement mémorable qui doit trouver sa place dans ce rapide tableau, est enfin venu consoler les longues douleurs de la terre, et préparer les brillantes couleurs de son avenir. L'imprimerie a déjà signalé au XVe siècle (1) les cimes lointaines de la terre promise! et l'intelligence a trouvé dans cette immortelle conquête, le gage certain de son futur et universel triomphe! Viennent maintenant la nuit et la tempête... L'esprit humain tient sa boussole, et le vaisseau de l'humanité va voguer à pleines voiles vers les régions inconnues où elle doit trouver le repos de ses fatigues et la récompense de ses immenses travaux. Cette précieuse découverte, en ressuscitant les richesses littéraires des Romains et des Grecs, semble rallumer le flambeau du passé, pour le confondre avec les fécondes lumières de l'avenir. Les Grecs, chassés de Constantinople par les Turcs, emportent avec eux le dépôt sacré de leur antique civilisation; l'Italie reçoit les trésors de leurs sciences et de leurs arts : tous les chefs-d'œuvre de l'antiquité viennent eux-mêmes au-devant de l'imprimerie qui les répand à profusion, et leur donne une existence nouvelle. Tandis que Léon X, ce célèbre pontife dont le nom reste à son siècle, protége et favorise toutes les inspirations du génie, François Ier, le restaurateur des lettres, le père de l'éloquence, propage

(1) 1440.

dans son royaume l'amour des sciences et des beaux arts. Sans doute, l'erreur va trouver à son tour un puissant moyen de propagation; mais la vérité doit sortir un jour de ce combat des intelligences; les hommes quitteront l'épée pour s'armer de l'idée, l'esprit détrônera la violence, et la force ne fera plus le droit.

Pourtant le siècle de François Ier, de Léon X, de Raphaël et de Michel-Ange, quoiqu'ayant donné une puissante impulsion au char de l'humanité, ne consommera pas encore le grand œuvre de la paix et de la concorde! Le génie des ténèbres dispute pied à pied son empire, et ne recule qu'en combattant! Il va, pendant trois siècles, multiplier les épreuves, entasser les entraves, et recueillir une riche, mais dernière moisson de larmes et de sang.... jusqu'à ce qu'enfin, poussé dans ses dernières limites, poursuivi sans relâche et vaincu, il allume lui-même un vaste incendie..... La victoire lui échappera, mais il voudra engloutir son ennemi dans sa ruine.... Une épouvantable explosion ébranlera l'univers jusque dans ses plus profondes entrailles, et la surface de la terre sera couverte de lambeaux humains, de têtes royales, de sceptres, de couronnes et de lamentables débris!!

Oui, de cette brillante époque va surgir une nouvelle recrudescence de troubles et de désordres. Les guerres civiles vont désoler les royaumes; les religions elles-mêmes fourniront les plus puissants aliments de l'anarchie! le monde s'agitera dans de terribles convulsions... et l'esprit du philosophe sera assiégé de profondes méditations, lorsqu'il verra les causes les plus futiles, les plus insaisissables, amasser les nuages, déchaîner les tempêtes et bouleverser les empires!

Le pape Léon X, dont le trésor est épuisé par le faste et la magnificence de sa cour, par l'onéreuse protection qu'il accorde aux artistes et aux savants, veut pourtant doter la chrétienté de son plus beau monument, en achevant la basilique de Saint-Pierre, commencée par Jules II. Il fait un appel au zèle des chrétiens; de précieuses indulgences sont publiées et promises à ceux qui viendront apporter leur tribut. Mais les Dominicains, chargés de cette mission, outrepassent les intentions du pontife, en vendant l'absolution même à des scélérats, et en faisant des indulgences un scandaleux trafic... Eh bien! c'en est assez! le pape est accusé d'exaction; les disputes dogmatiques s'échauffent, tous les abus sont exhumés, et le grand schisme de Luther s'élève, audacieux et formidable, en face du culte séculaire de l'Europe! L'excommunication, les bulles, les conciles, tous les efforts de la cour de Rome, viennent se briser contre l'obstination de l'intrépide réformateur! La France, l'Allemagne, la Suisse, l'Angleterre, la Suède, la Norwège, l'Amérique, subissent rapidement la contagion de la nouvelle doctrine.... Que de haines meurtrières elle va soulever! quels flots de sang elle va faire répandre!

Arrêtons un instant nos regards sur l'Angleterre, qui peut à bon droit revendiquer le prix de la rage et de la férocité religieuse; l'Angleterre! qui va préluder, chez elle, par des supplices effroyables, incessants, au sanglant despotisme qu'elle aura, plus tard, la prétention insensée d'imposer à l'univers!

D'abord, Henri VIII, ce tigre royal, ce bourreau couronné, qui devait donner à l'Europe indignée, le spectacle de tant de scandales, entre en lice avec Luther, combat ses principes, défend les sacrements, et reçoit du pape Clément VII, le titre de *défenseur de la foi*... Vaine gloire, qu'il ne tardera pas à rejeter du pied, lorsque le chef de l'Eglise refusera de se faire l'instrument des brutales passions du monarque anglais!

Henri VIII, qui a déjà eu besoin d'une bulle du

Saint-Siége, pour épouser la veuve de son frère, en réclame une seconde pour la répudier! Catherine d'Aragon a le tort de n'être plus belle, et le tigre est impatient de dévorer la beauté d'Anne de Boulen.... Clément VII, lié au roi d'Angleterre par les liens de l'amitié et de la religion, ne sait que résoudre et se trouve en proie à une grande perplexité! Sa conscience condamne les raisons qu'on allègue pour justifier le divorce; et d'ailleurs, s'il casse la bulle de son prédécesseur, que deviendra l'infaillibilité du pape? Sa réponse évasive attise l'impatience du tyran, qui, sur l'avis d'un certain Cranmer, *savant docteur et profond théologien*, se résoud à soumettre la difficulté aux universités de l'Europe. Voilà donc les colléges de France, d'Italie, d'Oxford et de Cambridge, délibérant majestueusement sur la question de savoir, s'il faut favoriser la luxure effrénée d'un brigand en manteau royal! Les austères docteurs se laissent corrompre par l'or que le despote répand à profusion, et déclarent qu'un pape n'a pas pu lui permettre d'épouser la veuve de son frère. Le premier mariage est donc annulé; le casuiste Henri VIII, rompant avec éclat tous les liens qui l'attachent à la communion romaine, épouse solennellement Anne de Boulen, et se fait déclarer, lui, l'ex-défenseur de la foi, *le protecteur et le chef suprême de* L'ÉGLISE ANGLICANE!

Mais qu'est-ce donc que cette église nouvelle créée par ce *pieux fondateur?* C'est à peu près, le catholicisme, *légèrement* modifié en ce que le pouvoir du pape est entièrement aboli, et remplacé par la suprématie spirituelle et temporelle du roi Henri VIII, qui est le pape d'Angleterre! Cette doctrine, développée dans une publication d'*articles de foi*, est flanquée de lois draconniennes qui punissent de mort les infracteurs et les dissidents! Les luthériens sont jetés dans les flammes, et les papistes décapités! Or, comme la population se compose, en général, de catholiques et de luthériens, sous ce règne maudit, où le plus léger soupçon est un arrêt de mort, l'échafaud, les bûchers sont en permanence. L'héroïsme des convictions, l'éclat des plus admirables vertus, ne peuvent arracher au bourreau une seule victime! Rien ne peut désarmer la fureur sanguinaire *du chef suprême de l'église anglicane!* Le vertueux Fisher, évêque de Rochester, Elisabeth Barton, *la sainte fille de Kent*, le savant et respectable chancelier Thomas Morus, figurent au premier rang des innombrables martyrs de la foi religieuse, qui ont voué ce monstre aux justes flétrissures de l'histoire et à l'exécration de la postérité.

Mais ce qui met le comble à l'horreur invincible qu'inspirent les actes de toute sa vie, c'est le sang conjugal qu'il a lâchement versé! Son farouche orgueil et sa religion ne fournissent pas seuls les prétextes de ses assassinats! L'amour lui-même lui vient en aide, et dicte aussi des sentences de mort... Déjà fatigué d'Anne de Boulen, il convoite Jeanne Seymour... Que va-t-il faire? Ses *scrupules religieux* ne lui permettant pas d'avoir une maitresse, le bourreau va rassurer sa conscience. Anne est accusée d'adultère; la malheureuse repousse l'infâme accusation, prouve son innocence; et les *nobles pairs* chargés de la juger, ceux-là même qui, la veille, étaient ses serviteurs les plus humbles!.. la condamnent à être brûlée ou décapitée, *selon la volonté du roi!* Le lendemain, l'échafaud d'Anne de Boulen devient le lit nuptial de Jeanne Seymour!

Celle-ci, heureusement peut-être, meurt un an et demi après son mariage, et est remplacée par Anne de Clèves qui voit, à son tour, son divorce prononcé par la rampante servilité du parlement!

Henri VIII épouse en cinquièmes noces Catherine Howard qui ne tarde pas à se repentir de son ambitieuse imprudence; car quelques jours à peine se sont écoulés depuis sa royale union, qu'elle est accusée et convaincue d'inconduite, condamnée à mort et sacrifiée à l'implacable vengeance du tyran!

Eh, bien! malgré ces terribles exemples, ce roi qui fait une boucherie du boudoir de ses femmes.... ce roi, véritable couteau vivant engaîné dans une peau humaine, cherche encore une sixième victime qui veuille partager et son trône et son lit! « Sire, » lui dit une beauté à laquelle il offre sa main, si » j'avais deux têtes, j'accepterais, peut-être!.... » mais je n'en ai qu'une, et je vous remercie! »

O fatal prestige de la couronne! puissance de l'ambition! le veuvage royal va cesser encore! Henri VIII allume une sixième fois les flambeaux de l'hymen! et Catherine Parr oublie qu'il n'y a qu'un pas du trône à l'échafaud! L'imprudente s'avise, un jour, de discuter sur un point de doctrine, et de combattre l'avis du sublime théologien! L'acte d'accusation est à l'instant dressé; la hache homicide s'aiguise et se prépare.... mais une adroite flatterie vient conjurer l'orage et désarmer le bourreau.... « Sire, lui dit-elle, je ne voulais que m'instruire et » vous fournir l'occasion d'exercer votre brillante » éloquence, en détournant un instant vos dou- » leurs. » *Vrai, mon cher cœur? dans ce cas, nous sommes bons amis* .... et l'échafaud perdit sa proie.

Tels sont les jeux amoureux du monarque d'Angleterre! telle est la théologie *du chef suprême de l'église anglicane*! Chaque jour voit s'accomplir de nouveaux sacrifices... la nation elle-même protége et encourage ces odieux attentats! car du sein des familles s'élèvent des témoignages accusateurs pour désigner les victimes et assouvir la soif sanguinaire du Léopard! et le parlement, digne acolyte du souverain, applaudit lâchement à ses impudents discours, où il exalte lui-même les bienfaits de son règne et l'amour de ses sujets!

TRISTE EXEMPLE, OFFERT A TOUS LES PEUPLES, DES DÉSASTREUX RÉSULTATS DE LA CORRUPTION ET DE LA SERVILITÉ!

Cependant, la doctrine anglicane, cette double épée constamment suspendue sur la tête des catholiques et des protestants, devait inévitablement porter ses fruits. Les supplices ne tuent pas les consciences, et l'extermination n'a jamais convaincu personne. Aussi les convictions résistèrent aux flammes, et des persécutions naquit le fanatisme. Les papistes et les luthériens, de plus en plus fidèles à leurs croyances respectives, se livrent une guerre implacable qui fortifie les haines, répand les divisions et couvre d'un voile funèbre cette île détestée! Les ambitions rivales, les jalousies princières, les trahisons des grands viendront assombrir et compliquer le drame ! Le sang royal ne sera pas épargné. Jeanne Gray, instrument innocent et involontaire des intrigues du duc de Northumberland, portera sur un infâme échafaud sa jeunesse, ses talents et ses vertus ! L'infortunée Marie Stuart expiera par la mort sa foi catholique, son incomparable beauté, les projets de ses partisans et la haine que lui a vouée son impérieuse rivale ! le bourreau fera voler sa tête, en s'écriant : Vive la reine Elisabeth ! ! Un ministre luthérien et un courtisan assisteront à cet exécrable supplice, et pousseront ce noble cri de triomphe : *Ainsi périssent tous les ennemis de la reine et de l'évangile !* Les sectes se multiplieront à l'infini ; le zèle religieux servira de masque à l'antagonisme politique, et préparera les oppositions révolutionnaires qui dresseront, plus tard, l'échafaud de Strafford et de Charles Ier..... L'Europe assistera, impassible, à toutes ces convulsions de la terre britannique, s'agitant dans le cercle retréci des ambitions individuelles et de l'égoïsme national. La révolution anglaise n'imprimera pas la plus légère oscillation au monde qui doit recevoir d'un plus grand peuple les bienfaits de la délivrance et l'immortelle contagion de la liberté !

Mais laissons-là l'Angleterre ! détournons avec dégoût nos souvenirs de cette odieuse et maudite contrée, que toutes les mers qui l'environnent baigneront à jamais des vagues ensanglantées.

Il n'est donc que trop vrai que les religions qui ont la mission de moraliser et de pacifier les sociétés, ont été souvent mal comprises, et se sont longtemps écartées de leur but et de leurs principes, en semant de formidables haines et de sanglantes discordes. Voyez quel déplorable et long enchaînement d'erreurs, entraîne après lui l'abus de la puissance et l'altération de la vérité ! nous sommes tous, sans aucun doute, profondément affligés de l'invasion luthérienne... mais quelle en fut la cause ou l'origine ?.... Peut-être, en approfondissant l'histoire religieuse de l'époque, trouverions-nous que cette Révolution spirituelle couvait sourdement avant l'éclatante révolte de Luther, et que les indulgences de Léon X n'en furent que le prétexte, comme les ordonnances de Juillet furent celui du combat des trois jours. . Quoiqu'il en soit, ce furent les abus qui motivèrent l'attaque et créèrent une irréparable division !... Mais les nouveaux sectateurs ne se mirent pas davantage à l'abri des reproches. Ils blâmaient les abus et les poussèrent jusqu'à l'excès.

Ils réclamaient la liberté du temple, et ils portèrent dans les églises le vandalisme et la profanation !.... Ils condamnaient les innovations de la cour de Rome, et ils ont innové plus qu'elle ; ils invoquaient la pureté primitive des écritures, et ils ont multiplié les dogmes et les systèmes... Ils sont Luthériens, Anabaptistes, Episcopaux, Calvinistes, Arméniens, Zuingliens, Quakers, Puritains, Sociniens, Presbytériens..... et toutes ces modifications qui n'ont même pas, en général, une origine certaine, trahissent l'absence de l'unité de doctrine, et accusent hautement l'orgueil et la vagabonde indépendance des réformés. Ils ont enfin mis leurs croyances sous la sauvegarde du fanatisme, des conspirations, et des représailles dont ils cherchent vainement à justifier les excès par les persécutions qui, depuis le règne de François Ier, ne cessèrent d'alimenter l'hérésie, tout en voulant la détruire.

Voilà donc l'erreur protestante surgissant des abus catholiques, et contrebalancée à grand peine par le *zèle* des inquisiteurs et le rapide développement de l'ordre célèbre des Jésuites qui depuis.. mais alors ils étaient modestes !... la querelle va prendre de formidables proportions. Les temples protestants élèvent déjà leurs fronts en face des antiques cathédrales. Les factions politiques vont s'envenimer de la haine des cultes. Nous allons voir, hélas! notre propre patrie offrir à l'Europe et à la postérité, le funèbre spectacle des longues calamités que le fanatisme répand sur son passage; et l'homme exempt de préjugés, cherchera vainement à comprendre comment la diversité des cultes a pu répandre tant de sang, comment les hommages adressés à Dieu, ont pu se rattacher, pendant des siècles, au massacre et à l'extermination!... Mais que l'histoire ne se voile pas d'une fausse pudeur.... que les crimes et les égarements du passé soient sévèrement recueillis pour servir d'utiles et solennelles leçons à l'avenir! Que tous les hommes généreux et de bonne foi, quelle que soit leur religion, à quelque parti qu'ils appartiennent, se réunissent désormais pour proclamer la liberté des consciences, et flétrir des persécutions que la raison condamne et que Dieu lui-même réprouve. La France donne aujourd'hui au monde la preuve irrécusable que les guerres de religion s'éteignent dans la tolérance, et qu'on est très près de s'entendre lorsqu'on s'écoute au lieu de s'égorger.

Charles IX vient de monter sur le trône à l'âge de

dix ans. Le royaume va subir tous les hasards d'une régence que les artifices de Catherine de Médicis, les discordes civiles et religieuses, l'impétueuse rivalité des Guise et des Condé, vont rendre difficile, orageuse, sanglante ! Les provinces vont retentir de prêches protestants et d'anathêmes catholiques ; des villes françaises seront assiégées par des français ; le meurtre, le pillage, l'incendie, vont être organisés par des hordes sanguinaires obéissant à des chefs ostensibles et avoués. La France va, sous ce règne malheureux, être envahie par un tel flux et reflux d'attaques et de vengeances, de défaites et de tristes victoires, que l'on peut sans crainte, accuser les deux partis de barbarie, et les confondre sévèrement dans une même réprobation. Les Calvinistes excitent l'indignation et la fureur de leurs adversaires en souillant de leurs outrages tout ce qui fait l'objet de l'adoration des fidèles. Les églises sont saccagées et renversées. Les couvents sont pillés et spoliés, les autels, les reliques, les tombeaux sont frénétiquement bouleversés, profanés, dispersés ! . . . L'on croirait assister aux scènes furieuses des anciens Iconoclastes !... Et ce sont des *redresseurs d'abus*, d'austères *réformateurs* qui se livrent à ces excès, et veulent purifier l'Evangile de l'alliage ultramontain, par le feu, le sang et la profanation !

A ces attentats, les Parlements de France répondent par des arrêts qui mettent les Calvinistes hors la loi, et autorisent leur immolation. Les puissances étrangères viennent attiser la discorde en fournissant des secours, les unes aux Catholiques, les autres aux Protestants. C'est entre les deux cultes une guerre à mort, où l'histoire impartiale doit souvent décerner aux Huguenots le prix du fanatisme et de l'obstination. Leurs exigences s'augmentent avec les concessions que la fatigue des troubles et le besoin de la paix leur font successivement accorder. Les provocations, enfin, de toutes sortes et les lâches assassinats semblent faire gronder dans le lointain l'horrible catastrophe qui doit les envelopper dans une prochaine et lamentable hécatombe !

Tandis que Rouen est assiégé par les catholiques, un homme pénètre furtivement dans le camp du duc de Guise, leur redoutable chef. Le mystère de ses démarches fait naître le soupçon; on l'arrête, on l'interroge, et le fanatique avoue sur-le-champ qu'il est venu pour assassiner le duc. Celui-ci lui demande quelle est la cause de sa haine..... Je n'en ai point d'autre, répond le farouche sectaire, que l'*intérêt de la religion !* Ta religion, s'écrie François de Guise, t'ordonne de m'assassiner? Eh bien! la mienne m'ordonne de te pardonner. Dis, quelle est la meilleure ?.... Noble réponse, conduite sublime qui ne sauvera pas l'intrépide guerrier d'un nouvel attentat ! Pendant qu'il prépare activement le siége d'Orléans, le duc de Guise tombe traîtreusement frappé par la balle de Poltrot ; et l'assassin, avant de mourir, accuse la complicité de Coligni !

Plus tard, paraissent des livres apocryphes, destinés à corrompre les esprits ou à exalter les passions, en propageant cette hideuse maxime, qu'il est permis de tuer les souverains, lorsqu'ils refusent la réformation de l'Evangile ! et la reine-mère est menacée dans des billets anonymes du sort du duc de Guise, si elle n'accorde pas liberté entière aux protestants...

D'un autre côté, les chaires catholiques opposent la haine à la haine et les maximes aux maximes. « Les » diverses conventions qui ont successivement suspendu les hostilités, ne doivent pas lier les ennemis de l'hérésie... le salut et la foi ordonnent qu'on » les massacre et qu'on les disperse.... » Les inimitiés sont profondes, les populations fermentent, les meurtres se multiplient.... et ces inextricables désordres prennent leur source dans cette question qui divise les hommes : *Comment faut-il adorer Dieu ?*

Pourtant, le moment approche où ces sourdes agitations vont aboutir à un affreux dénoûment, qui doit couvrir la France d'un crêpe de deuil! la cour veut en finir avec les Huguenots!! Mais Catherine de Médicis, qui souffle au cœur du jeune roi, toutes les inspirations de sa haine italienne, va donner au grand crime qu'elle prépare un caractère de trahison et de perfidie, qui en fera peser sur sa tête anti-française l'éternelle et odieuse responsabilité! A la guerre ouverte va succéder une guerre d'embûches... Les Calvinistes, vaincus partout, sont tout-à-coup étonnés des faveurs considérables qui leur sont accordées. Places de sûreté, droit aux emplois publics, liberté de conscience.... tout ce qu'ils ambitionnent avec le plus d'ardeur, leur est prodigué par le traité de Saint-Germain. Coligni est appelé à la cour, et Henri de Navarre épouse solennellement Marguerite de Valois, sœur de Charles IX. La paix pouvait-elle se présenter sous de plus heureux auspices? Pouvait-on exiger de plus rassurantes garanties d'une sincère réconciliation? Vaine confiance! Fatale sécurité! Les noces du prince de Béarn ont lieu le 18 août 1572, et le 22, Coligni tombe dans la rue, frappé d'un coup d'arquebuse... La reine-mère et son fils, lui prodiguent les témoignages du plus touchant intérêt, de la plus vive indignation, et lui promettent le châtiment du coupable. Le 24, jour fixé d'*avance* pour l'horrible holocauste, le tocsin de Saint-Germain-l'Auxerrois lance au milieu des ténèbres ses sinistres vibrations. Coligni, percé de mille coups, est le premier sacrifié aux mânes du duc de Guise.... La cloche du palais vient aussi jeter l'ordre du carnage aux meurtriers, et le glas de la mort aux Calvinistes qui se réveillent pour la dernière fois ! Le silence de la nuit est brusquement interrompu par les clameurs des assassins, et les cris des victimes. Les rues sont jonchées de cadavres et le fleuve est rougi de sang... Les femmes, les enfants, les vieillards sont indistinctement massacrés... Pendant trois jours, les bourreaux poursuivent avec une rage effroyable leur œuvre sanguinaire.... Toutes les provinces, toutes les villes du royaume entendent le même signal et subissent le même sort.... La terre est couverte de palpitants débris qui semblent avoir refusé la sépulture, pour appeler et attendre les vengeances du ciel ! . . . .

La plume se refuse à retracer les sanglants épisodes qui ont éternisé la mémoire de cet immense forfait ! Mais la Saint-Barthélemy est écrite en lettres de sang dans les annales humaines, où les générations futures trouveront un impérissable exemple des atroces excès que peut inspirer l'intolérance religieuse... Marchons.... l'intolérance politique ne se fera pas longtemps attendre.... Elle nous fournira bientôt son lugubre tribut et ses terribles enseignements!

Henri III accourt du fond de la Pologne pour recueillir le triste héritage de Charles IX. Les ténèbres de l'esprit, l'aveuglement de l'intelligence entretiennent toujours les mêmes erreurs, le même chaos social au milieu du mouvement politique, mêlé aux ridicules superstitions de l'astrologie. Les réformés, loin d'être anéantis ou découragés par la catastrophe qui est la tâche éternelle du règne précédent, semblent renaître de leurs cendres pour se fortifier dans la haine des catholiques et dans leurs projets de vengeance. Les factions, d'autant plus dangereuses que leurs chefs sont plus puissants, vont encore déchirer le royaume. Les diverses ambitions ne relèvent que de l'épée; la religion sert de prétexte aux troubles qu'elles fomentent. Le chef de l'état lui-même, trop faible pour les dominer, ne recule pas devant l'assassinat du fils du duc de Guise, qui ne tarde pas à être vengé par le couteau de Jacques Clément!

Et comme si la France devait à jamais renoncer au repos et à la prospérité, le seul prince qui puisse par ses lumières, son courage et sa grande âme, lui en faire goûter les bienfaits, va être repoussé du trône qui lui appartient, par ceux dont il veut être moins le roi que le père, et forcé de mettre ses droits les plus chers et les plus légitimes sous la sauvegarde de son invincible épée.

Oui, selon l'ordre de succession, les droits d'Henri IV sont incontestables; mais avant d'en jouir, il doit compter avec les vivaces prétentions de la ligue, avec la secrète ambition de Philippe II, roi d'Espagne, qui convoite un lambeau de la France à la faveur de ses guerres civiles; il doit compter, surtout, avec les répugnances du clergé, qui préfèrera introduire à Paris la famine et la mort que d'en ouvrir les portes à un roi huguenot.

Les ligueurs sont partout mis en fuite ou taillés en pièces; mais le bon Henri, le roi le plus tolérant, le plus généreux et le plus éclairé de son siècle, va perdre les fruits de ses glorieuses batailles d'Arques et d'Ivry, s'il ne franchit l'enceinte de la capitale qui protége le foyer de la rébellion. La pensée d'un assaut et de ses inévitables ravages répugne pourtant à son cœur paternel... Un siége de quelques jours lui suffira, peut-être, pour vaincre l'obstination des parisiens... Non; car ils ne sont pas libres d'aller au-devant de leur roi. L'ambassadeur d'Espagne a ses instructions; la ligue n'abandonne pas ses projets, et la religion, qu'ils invoquent tous, défend de transiger avec un hérétique! de sorte que le peuple surveillé, enchaîné au-dedans, étroitement bloqué au-dehors, est pieusement condamné à mourir dans les longues tortures de la faim, pour servir les secrets complots d'une poignée d'infâmes ambitieux! C'est au nom du ciel et de la foi que des milliers d'affamés traînent leurs cadavres vivants dans les rues solitaires, où ils vont disputer aux animaux, les plus mortels, les plus immondes aliments! Les fanatiques et les factieux s'inquiètent peu de ces épouvantables calamités; ils feront de Paris un vaste cimetière, plutôt qu'ils ne trouveront dans leur cœur un seul élan de pitié!! Mais Henri l'hérétique, le damné, va leur donner une sublime leçon de morale chrétienne et de pieuse humanité. Son culte, dit-on, le sépare de son peuple dont il cause les larmes et la détresse? Eh, bien! ce culte, il va le sacrifier au bonheur et à la paix de la France.... Un prélat catholique recevra son abjuration dans l'église de St-Denis, et les coupables séditions des rebelles verront ainsi s'évanouir leurs prétextes avec les espérances que la ligue fondait sur un fatal interrègne.

Mais ce malheureux prince ne tardera pas à se convaincre que *si les pures et généreuses intentions des rois appellent toujours la prospérité sur leurs sujets*, elles sont souvent impuissantes pour les garantir eux-mêmes des atteintes de la haine et du fanatisme. En voulant faire cesser la guerre civile, il appelle sur lui l'inimitié des uns et les perfides calomnies des autres. Les calvinistes se croient abandonnés ou trahis. Les membres du clergé, dévoués aux ligueurs, insinuent ou affirment que son abjuration n'est pas sincère... et le projet avorté de Barrière, qui doit avoir un jour de détestables imitateurs, vient empoisonner les premières joies d'un monarque si digne d'amour et d'admiration! Oui, *l'intérêt religieux*, *seul*, armera plusieurs fois le bras des assassins! Jean Châtel concevra aussi l'infernale pensée d'arrêter le roi de France dans la carrière de ses inépuisables bienfaits. Ce fanatique de 18 ans! élevé dans un collége de jésuites, trouvera dans ses *principes*, la force que lui refuserait son âge... Mais la bonté de Henri IV, cette fois, lui servira d'égide; car c'est au moment où il se baisse pour embrasser un gentilhomme, que le couteau du meurtrier, dirigé sur la poitrine, vient le frapper au visage, sans compromettre sa vie.

Jean Châtel, condamné à la torture, la subit stoïquement, sans accuser aucun complice. Mais il a souvent, dit-il, entendu soutenir, *au collége*, qu'il est permis de tuer le roi, comme un tyran *ennemi de l'Eglise....* On interroge les révérends pères; on se livre à des enquêtes... et l'on découvre chez eux d'incendiaires écrits! Le jésuite Guignard est pendu, et les autres condamnés à un bannissement perpétuel! Consolons-nous!.... ils rentreront!

Pourtant l'infortuné Henri IV, quoique profondément affecté de ces attentats, n'en redouble pas moins d'efforts pour consacrer sa vie au bonheur du peuple. Le royaume, épuisé par la guerre civile, ne lui a légué que le désordre dans les finances, l'anarchie dans l'administration, ou la stérilité dans l'agriculture et dans l'industrie. Grâce à sa vigilance et aux lumières de son intègre ministre, la plus sévère économie parvient à rétablir un équilibre universel. Les dettes de l'état payées, *les impôts diminués*, **MALGRÉ LES DIFFICULTÉS DE LA SITUATION**, la marine surveillée, l'industrie encouragée, l'agriculture protégée, les factions vaincues, tels sont les principaux trophées de ce règne immortel, digne de servir de modèle *à des siècles plus avancés... Car la France, grand nombre d'années plus tard, gouvernée par des rois avides, et opprimée par des ministres sans conscience et sans foi, se verra desséchée jusqu'à la moëlle, écrasée d'impôts et menacée de la famine; dans le sein d'une profonde paix que le peuple lui-même subira comme une calamité publique !!*

Mais Henri IV ne doit pas jouir longtemps de la prospérité qu'il a répandue sur son royaume. Ce prince, si remarquable par la douceur de ses mœurs, par la droiture de ses sentiments, par la noblesse de son âme, par la rectitude de son jugement et la tolérance de ses principes religieux, sera bientôt puni d'avoir ainsi devancé son siècle...

Il veut anéantir les haines religieuses et réconcilier les deux cultes, en tâchant de les rapprocher. L'Edit de Nantes, ce chef-d'œuvre de haute politique et de justice, est le premier pas de cette noble tentative si digne d'un meilleur succès. Dès ce moment les Calvinistes possèdent la liberté de conscience, l'exercice public de leur culte, le droit aux charges de l'Etat, des places de sûreté, et d'autres priviléges destinés à réaliser cette sage maxime proclamée par le monarque dans son discours au parlement : *Il ne faut plus faire de distinction de catholiques et de huguenots.*

Malgré les souvenirs du procès de Jean Châtel, il rappelle en France, à Paris et à la cour, l'ordre proscrit des Jésuites qu'il veut aussi faire participer à ses grâces et à ses bienfaits. Mais l'Edit qui leur rouvre les portes du royaume, ne reçoit pas son exécution, sans être vivement combattu par le fidèle Sully et par les remontrances du parlement. *Ventre Saint-Gris*, leur dit-il, *me répondez-vous de ma personne, si je ne les rappelle pas ?*

Tous ces efforts dont le plus grand bien du royaume est le but, seront pourtant impuissants à protéger les jours du grand roi. Le peuple verra son idole renversée par le fanatisme. Ce cœur magnanime dont chaque pulsation est un vœu pour l'humanité, un pardon pour ses ennemis; ce cœur si plein de patriotisme, de bonté, de justice et d'amour, est fatalement voué au poignard ! et c'est encore l'intérêt de la religion qui armera le bras de Ravaillac ? Oui, ce monstre, au milieu des tortures de son supplice, va se faire gloire de *son martyre* et exalter les bienfaits, les mérites de l'exécrable attentat qui vient de plonger la France dans le deuil ! Lui aussi, n'a cédé qu'à ses sombres inspirations ; il est seul ; il n'a pas de complices... mais il est religieux, dit-il, *il entendait les sermons*, et son couteau lui en a paru le meilleur, le plus logique, l'inévitable commentaire !...

Le père du peuple, le roi économe, Henri le Grand n'est plus. Il laisse la France dans l'état le plus prospère ; mais elle va bientôt apprendre à ses dépens ce que vaut *un monarque juste, éclairé, généreux et sincèrement animé du bien de son pays.* Les factions vont reparaître et ramener le désordre. La cour va devenir un foyer d'intrigue et de cabales. Chose étrange ! dans ce choc incessant des ambitions et des rivalités, dans ces diverses péripéties du drame social qui poursuit lentement sa marche irrésistible à travers les scandales et les abus, les sommités seules s'agitent librement au-dessus de la vague profonde qui dort encore, immobile et sans voix ; le peuple reste étranger à ces princières agitations, et semble se reposer dans l'ignorance absolue de ses droits... ou dans l'attente de l'avenir.

Le règne de Charles IX nous a déjà dévoilé tous les dangers, tous les orages d'une régence ; trois régences consécutives vont encore précéder les trois règnes de Louis XIII, de Louis XIV et de Louis XV.

La puissance royale sera trois fois ébranlée par les factions des grands, le désordre des finances et la corruption des mœurs, avant de subir le fracas de la tempête qui doit s'amonceler sur le trône du roi martyr. Trois cardinaux, premiers ministres, vont successivement résumer les trois grands chefs d'accusation qui doivent préparer le sacrifice du juste : *despotisme, déprédation, impudeur!* Richelieu, en faisant de l'exil, de la prison et de l'échafaud les soutiens de l'absolutisme, prouvera qu'un homme ne peut être à la fois, le ministre de Dieu et le ministre des rois. Mazarin profitera de sa longue et orageuse administration pour laisser, à sa mort, une fortune scandaleuse de plus de 200 millions... Le cynique Dubois, précepteur, favori et compagnon de débauches du régent d'Orléans, ouvrira cette impudique carrière de vices et d'orgies qui doivent léguer au vertueux Louis XVI, un funèbre héritage de douleurs et de sanglantes expiations !

Il y a déjà seize cents ans que le Christianisme est descendu sur la terre, et l'espèce humaine est de plus en plus la proie de l'égoïsme et de la tyrannie. Elle a des forces pour bénir et adorer ses rares bienfaiteurs ; elle n'en a pas encore pour renverser et punir ceux qui l'oppriment. Deux puissances rivales, le trône et la féodalité, occupent sans cesse la scène politique, et l'humanité entière ne semble destinée qu'à les gorger de ses sueurs, pour alimenter leur faste ruineux, sans réclamer d'autres droits que celui de vivre dans l'ignorance, le mépris et l'abjection !

Les états généraux sont convoqués à la majorité de Louis XIII. Quel affligeant spectacle va nous offrir ce simulacre d'assemblée représentative ! Le roi daigne recevoir les harangues des orateurs des trois ordres ; mais le prévôt des marchands, président du tiers-état, ne pourra se faire entendre qu'à genoux ! Et ces hommes si humbles, si modestes, acceptent sans murmures cette dégradation, comme un juste témoignage de leur abaissement et du respect absolu qu'ils doivent à tous les priviléges, à toutes les grandeurs ! Il y a loin, sans doute, de 1614 à 1789 ! Mais il y aura loin, aussi, du langage de Miron (1) à celui de Mirabeau...

Avant d'atteindre cette redoutable époque, nous verrons encore de grandes luttes, de grandes batailles, de glorieuses conquêtes, de mémorables événe-

(1) L'orateur du tiers-état, 26 octobre 1614.

ments.... Nous verrons, surtout, l'esprit humain prendre un prodigieux essor, et enfanter les mille chefs-d'œuvre qui feront briller le siècle de Louis XIV d'un immortel éclat.... mais pas un progrès *social*, pas une idée, pas une conception *humanitaire* dont la réalisation vienne dissiper les haines ou conjurer les vengeances futures! L'humanité subira fidèlement le mystérieux arrêt qui semble la condamner à marcher dans le sang, depuis le Calvaire jusqu'à la place de la Révolution!

Richelieu, qui, pour affermir l'autorité royale, va régner sur la France, au nom de Louis XIII trop faible pour supporter le fardeau, comprime les factions, surveille les intrigues, et concentre dans sa main de fer toutes les divergences politiques et religieuses. Ce dignitaire de l'Eglise, plus digne de porter la cuirasse du guerrier que la chape du cardinal, va diriger des siéges et commander des armées. Les calvinistes, dont l'esprit remuant, les prétentions incessantes sont un ferment inextinguible de discordes, sont châtiés et dispersés. La prise de la Rochelle leur enlève leur plus puissant rempart, et commence l'œuvre que la révocation de l'édit de Nantes doit achever un jour. Les grands seigneurs, les princes du sang, encouragés par la faiblesse du monarque, ou excités par le despotisme du ministre, se jettent dans la carrière de la révolte et de la conspiration. Le bourreau seul répond à leurs tentatives, et l'insuccès est puni de mort. Chalais, Marillac, Montmorency, Cinq-Marc, de Thou montent sur l'échafaud, et subissent les effets de l'impitoyable cruauté du cardinal. Lui seul règne en despote; il tient le roi sous sa tutelle, et loin de puiser dans son caractère sacré les inspirations de l'humilité, de la bienveillance, de la justice et de la miséricorde; loin d'imiter les sublimes exemples d'Henri IV et de Sully, en cherchant dans l'amour et le bonheur des peuples le plus ferme appui de son pouvoir, il se montre haineux, implacable, injuste, altier, fastueux! Aussi, malgré les services éminents que son génie aura rendus à la monarchie; malgré les triomphants obstacles qu'il aura opposés aux envahissements de la maison d'Autriche; malgré les rudes coups qu'il aura portés au calvinisme et à la féodalité, peut-être plus dans l'intérêt de sa puissance que dans celui de la royauté, le monarque, à la mort de son ministre, trouvera-t-il dans ces seules paroles, la manifestation de ses équivoques regrets : *Voila un grand politique mort!*

La France, à la mort de Louis XIII, retombe dans les troubles d'une longue minorité. Le cardinal Mazarin, souple, intriguant et ambitieux, captive la confiance d'Anne d'Autriche, s'élève à la souveraine puissance, et voit gronder autour de lui tous les orages de la fronde acharnée à sa disgrâce. L'adresse, la ruse, la dissimulation le font triompher de tous les obstacles que Richelieu n'aplanissait que par l'échafaud. Les immenses richesses qu'il accumule pendant son trop long ministère, accusent hautement l'insatiable cupidité qui préside à son administration. Il endort l'ambition du jeune roi, pour maintenir plus longtemps sa puissance et accroître sa fortune. Peu lui importent l'intérêt et la prospérité d'un royaume qui n'est pas sa patrie. Les sciences, les arts, la justice, le commerce, la marine, les finances languissent dans l'abandon, et attendent, pour se relever, que le génie du grand roi vienne les féconder.

La politique extérieure du cardinal, elle-même, doit être sévèrement jugée, et nous fournir le sujet de bien tristes, de bien douloureuses réflexions. Lorsque notre esprit se reporte à ces tristes époques où des nations entières sont exploitées sans entraves par leurs dominateurs, où des peuples sont pressurés par la force brutale, habillée en droit divin, nous voulons savoir, du moins, si la justice habite ces hautes regions de la puissance ; si la voix de l'honneur dicte les relations des cabinets ; si les trônes de la terre se soutiennent par la force de leur principe, et sont, surtout, protégés par la solidarité des rois. Eh, bien! non... l'honneur est sacrifié à l'égoïsme, le principe s'éclipse devant le succès, et l'usurpation est saluée par le droit. La voix du sang se tait devant les vils conseils d'une diplomatie sans cœur et sans entrailles ; la conscience est un préjugé, la famille un vain mot, et *la raison d'état* la loi suprême où les machiavels des cours puisent leurs équivoques inspirations..... Cromwel vient de faire tomber la tête de Charles Ier, gendre de Henri IV, oncle de Louis XIV. Que va faire la France, ou plutôt le ministre italien qui la gouverne? Il sollicite d'abord l'alliance du protecteur qui force le jeune roi à l'appeler son frère.

Charles II et le duc d'York, petits-fils d'Henri IV, cousins de Louis XIV, neveux de la régente, s'étaient réfugiés en France avec leur mère... Mazarin les chasse du royaume, sur l'ordre de Cromwel, l'usurpateur de leur trône et l'assassin de leur père !

Henriette de France, veuve de Charles Ier, belle-sœur de la régente, tante de Louis XIV, fille d'Henri-le-grand, en est réduite à l'humiliante nécessité de demander son douaire au meurtrier de son mari! Le cardinal se charge de la réclamation, essuie le plus honteux refus, et laisse l'infortunée veuve dans la détresse et le besoin, après avoir chassé ses deux fils, ses seuls soutiens, sa seule consolation!

Enfin il met le comble à tant de bassesses, en écrivant un jour à Cromwel : *qu'il est affligé de ne pouvoir lui rendre en personne les respects* **DUS AU PLUS GRAND HOMME DU MONDE** !!

Richelieu comprenait autrement la dignité de la monarchie; certes il ne l'eût pas ainsi déshonorée! Louis XIV comprendra mieux un jour la sainteté du malheur et les devoirs de l'hospitalité! Mais les cours de l'Europe étaleront aux yeux de la postérité toutes les hontes de leur politique, en laissant tomber la tête de Charles Ier dont elles caresseront le meurtrier; en laissant dresser l'échafaud de Louis XVI et de Marie Antoinette, qu'elles ne tenteront de secourir que dans un but secret de conquête et de spoliation; en renversant les aigles de Napoléon, après l'avoir admiré, reconnu et sacré; en contemplant dans un immobile égoïsme la fuite de Charles X, l'exil des rois de France, après s'être coalisés pour relever leur trône et rétablir leurs droits ; enfin en reconnaissant et saluant la révolution de 1830 qui aura brisé leur sanglant édifice de 1814 et de 1815 !... Telle est la religion, telle est la conscience, tels sont les principes des souveraines et légitimes puissances qui président au bonheur et à la prospérité des peuples ! Telle est la logique, la dignité, la justice de leur diplomatie ! Les rois, les papes, les empereurs s'inclinent devant la majesté de l'usurpation. Qu'importent le titre, les moyens, les traités, les constitutions !... les branches, les aînés, les cadets... Vaines momeries qui n'ont pas même voix consultative dans les conseils du despotisme, et que les peuples seuls doivent toujours respecter, *pour éterniser l'oppression et légitimer le pouvoir.*

La mort de Mazarin affranchit son pupille des langes de la tutelle. Arrive le moment où l'astre de la monarchie française, en s'élevant jusqu'à son radieux apogée, va éblouir le monde d'une éclatante et suprême splendeur. Nous le disons avec une sincère et profonde conviction : les peuples des siècles passés, privés encore des lumières de l'intelligence et du sentiment de leur dignité, ne pouvaient être sauvés des désordres de l'anarchie et des dangers de l'invasion, que par la vigilance des rois qui étaient, ou auraient toujours dû être pour eux, ce que le père est à la famille, ce que la tête est au corps. Sous ce point de vue, l'*absolutisme* était une nécessité inévitable, et pouvait être une source féconde de bienfaits. Saint-Louis, François Ier, Henri IV, Louis XIV, confirment la justesse de cette appréciation des choses et des temps. Malheureusement, les rois se transmettaient la souveraine puissance, mais ils ne se transmettaient pas les vertus.... Ils faisaient souvent monter avec eux sur le trône les passions et les vices de leur nature, toujours envenimés, développés et entretenus par les flatteries cupides et la dégoûtante servilité des courtisans. Les peuples, encore mineurs, avaient besoin d'être défendus, protégés avec amour et sollicitude..... Ils étaient opprimés, spoliés, avilis, et ils attendaient patiemment que leur future émancipation vînt apporter un terme à ces trop longs scandales. Mais les abus portent sans cesse avec eux le germe de leur mort et de leur châtiment. Les mauvais rois et les privilégiés creusaient, sans s'en douter, l'abîme où devait s'engloutir la monarchie ; la féodalité a préparé les échafauds que dressa la démagogie ; et les iniquités de la politique européenne ont ébranlé les trônes et déchiré le prestige du droit divin, bien plus encore que le souffle révolutionnaire et l'avènement de la raison.

Louis XIV monte sur le trône avec la conscience de son vaste génie et la ferme volonté de le consacrer aux soins de son royaume et à l'éternelle illustration de son règne. Il prend d'une main ferme le gouvernail de l'état, et ce roi de vingt-deux ans possède si bien le sentiment de sa précoce supériorité, qu'il s'érige, dès ce moment, en arbitre suprême, en juge souverain : « A qui désormais, nous » adresserons-nous », lui demandent ceux qui recevaient leurs instructions du ministre : *A moi seul*, répond-il, et pendant plus d'un demi-siècle, il reste fidèle à sa résolution.

Lorsqu'un monarque est vivement animé du bien et de la gloire de sa patrie ; lorsqu'il est profondément pénétré de l'étendue de ses devoirs ; lorsque son peuple trouve dans ses hautes conceptions, une source inépuisable de grandeur, de lumières et de prospérité, on ne doit pas se contenter d'excuser son despotisme, on doit le bénir et le remercier... Jusqu'à ce que les hommes soient assez éclairés, pour n'avoir plus besoin de *livrer leur honneur et leur liberté aux hazards des caractères et des intentions des rois.*

Louis XIV se présente au jugement de notre époque comme administrateur et comme guerrier. L'ambition du conquérant nous paraît aujourd'hui condamnable, dangereuse et anti-sociale. Mais sachons tenir compte aux grands hommes du passé des exigences de leur situation, des obstacles qu'ils avaient à vaincre, et des bienfaits qui furent le résultat de leurs vertus, quelquefois même de leurs passions et de leurs fautes. Richelieu fut sans doute un despote détesté. Il abusa odieusement de sa puissance, qu'il mit souvent au service de ses haines et de ses vengeances personnelles. Mais son despotisme consolida le trône, écrasa les factions et conduisit habilement le vaisseau de l'état entre les deux écueils de la ligue qu'il laissait derrière lui, et de la fronde, qui vint, après sa mort, tourmenter le pouvoir de Mazarin. L'esprit de conquête qui recula les bornes du royaume de Louis XIV, et finit par l'ébranler, nous dévoila le secret de nos formidables ressources, *appri à l'Angleterre que la souveraineté des mers ne lui appartient pas*, et prouva au monde étonné que ce n'est pas assez de toutes les nations réunies pour démembrer et anéantir la France, infailliblement appelée, dans l'avenir, à occuper le trône de l'univers. Pompée disait un jour qu'il n'avait qu'à frapper la terre du pied pour en faire sortir une armée... Louis XIV surpassa les merveilles de ce magique pouvoir. Il frappa de son sceptre la terre et l'Océan, et l'Europe trembla devant une armée de 400 mille guerriers, sous les ordres des Turenne, des Condé, des Luxembourg, des Catinat, des Créqui, des Boufflers, des Montesquieu, des Vendômes, des Villars.... et les mers virent passer avec orgueil les vaisseaux de la France, fiers de porter au milieu des escadres de l'Angleterre et de la Hollande, les canons des Duquesne, des château Renaud, des Dugay-Trouin, des Tourville et des Jean Bart.... Que la guerre fût la nécessité fatale ou l'erreur millénaire du genre humain, la France devait lui payer son tribut de héros; il fallait que la reine des nations déployât aux yeux du monde, le redoutable appareil de ses forces et de sa grandeur, fit respecter les pavillons de ses flottes, les étendards de ses armées, et qu'elle préludât par la suprématie de ses armes à la suprématie morale qui lui réservait l'avenir.

Nous ne devons donc pas nous plaindre que Louis XIV ait, par son audace, élevé sa patrie au rang qui lui appartient, **ET DONT LES SORDIDES ET IMMUABLES LACHETÉS D'UN AUTRE RÈGNE NE LA FERONT QUE TROP TOT DESCENDRE.**

L'illustre monarque se convainquit, du reste, que la victoire n'est pas toujours fidèle; et à son lit de mort, il exhala ses regrets en blamant le guerrier : *N'imitez pas mon exemple*, dit-il à son petit-fils ; *j'ai trop aimé la guerre, elle est la source des plus grands maux!* Ces sages conseils devaient encore longtemps être perdus pour l'humanité. La république et l'empire se souviendront un jour des gigantesques prodiges du courage et du patriotisme français.....

Mais l'administration intérieure du grand roi jeta les éternels fondements de sa gloire, en dotant son pays des fécondes et inaltérables conquêtes de l'esprit humain. *Elle enseigna aux administrations à venir que la France ne meurt pas de la guerre, et qu'elle trouvera toujours dans son propre sein le principe de sa grandeur ou de sa décadence. Elle prouva surtout que* **LES BONS ROIS FONT LES BONS MINISTRES**, *que de probité et l'absolutisme vaut mieux que les mensonges représentatifs, et que la ruine des états est imputable comme leur prospérité, à ces augustes personnages qui s'attribuent toujours* *l'honneur du bien, en déclinant toujours la responsabilité du mal.*

L'astre s'éclipse et disparaît; mais la brillante pleïade de savants et de littérateurs qu'il a entraînés dans son orbite, reste sur l'horizon. Louis XIV a repris et puissamment avancé l'œuvre de Léon X et de François Ier. L'intelligence humaine s'élève à la hauteur des plus sublimes conceptions. L'ignorance est éblouie de la lumière qui rayonne; les préjugés tremblent pour leur antique royauté; et le génie d'un monarque guerrier *et absolu* aura pourtant donné le signal de la *bataille intellectuelle* qui doit immortaliser le XVIIIe siècle, renverser le despotisme, et préparer le triomphe de la raison et de la liberté.

Les deux règnes de Louis XIV et de Louis XV embrassent une immense période de 131 ans! Le premier remplit le monde de son nom, consacre sa longue carrière à la gloire de la France, et laisse une mémoire qui commande l'admiration et la reconnaissance de la postérité. Le second lui succède..., mais ne le continue pas. Louis XIV entraîne après lui les progrès de son siècle, éclaire sa marche de tous les flambeaux des sciences et des arts, dont il se fait un cortège et un appui.... Le progrès débordera, dépassera la monarchie de Louis XV, qui va croupir dans les marais de la débauche, se condamner elle-même à un isolement irréparable, en brisant les liens du respect et de l'affection; détruire à jamais son puissant prestige et amonceler la tempête, en trompant la confiance publique et en portant la ruine dans les fortunes des citoyens.

Les guerres, la magnificence et les prodigalités de Louis XIV ont endetté l'état... Le système financier d'un aventurier écossais vient achever de le bouleverser. Jean Law ose proposer au régent de fermer les plaies du royaume, en payant toutes ses dettes *avec du papier*. L'heureuse ignorance où était encore la nation des manœuvres frauduleuses et des escroqueries de l'agiotage, peut seule expliquer l'extravagant succès de cette calamiteuse entreprise. Une banque est organisée, sous prétexte d'intérêt public. Le gouvernement, complice du système spoliateur qui doit porter la misère dans des milliers de famille, appelle la confiance et la crédulité par ses coupables supercheries. Il ordonne aux receveurs généraux d'accepter les billets de la banque comme argent comptant, et de payer, sans escompte, tous ceux qui leur seront présentés. Cette adroite tactique a pour résultat immédiat d'universaliser le crédit.

Pour faciliter la propagation des billets de la banque, les paiements en argent sont d'abord limités, et, plus tard, presque entièrement prohibés. Cette monstrueuse proscription du numéraire le fait affluer dans l'immense gouffre du fisc où chacun s'empresse de le précipiter pour le convertir **EN PAPIER** ! L'aveuglement est si intense que, pour se procurer rapidement la seule valeur représentative en cours, on escompte l'or qui tombe dans la baisse ! ! Les fonds immobiliers eux-mêmes subissent cette désastreuse conversion. Des banques succursales, établies dans les provinces, inondent le royaume de leurs billets... et un fleuve de métal vient tomber dans les caisses de l'état, qui, en très peu de temps, regorgent et plient sous le fardeau !....

La compagnie d'Occident vient joindre le leurre de ses opérations à cet immense brigandage. Les mêmes moyens donnent à ses actions une hausse proportionnelle à celles de la banque. Aux lois qui restreignent les paiements en numéraire succèdent des lois qui vont le poursuivre jusque dans la bourse des particuliers. Nul ne peut payer qu'en papier au-dessus de 100 francs, et nul ne peut garder chez lui, pas même les communautés, plus de 500 livres. Les délateurs sont encouragés, les visites domiciliaires autorisées, les sommes cachées confisquées, et les récalcitrants emprisonnés.... heureux de n'être pas punis de mort, comme le demandait l'infernal inventeur de cette nouvelle inquisition! Le crédit de la banque et de la compagnie d'Occident se développe à un tel point que le nombre de leurs actions devient illimité, jusqu'à ce qu'enfin il dépasse considérablement la valeur de tout le numéraire de France!!! L'agiotage universel, enfanté par ce mouvement inouï de toutes les valeurs, élève d'immenses fortunes sur d'innombrables ruines; les lois finissent par proscrire l'argent d'une manière absolue! La terreur commence à se répandre, la confiance disparaît, l'échafaudage croule et une effroyable banqueroute porte partout le désespoir et la consternation! Law est obligé de s'enfuir pour se soustraire à la vengeance populaire; son système qui devait éteindre les dettes de Louis XIV, ne sert qu'à les doubler, et plonge dans une affreuse détresse des millions de citoyens, victimes crédules de la plus infâme spoliation dont les annales humaines aient recueilli l'exemple!...

Telle est la triste inauguration d'un règne qui, en comblant la mesure de ses scandales, devait clore honteusement les fastes de la monarchie absolue, et placer le trône de Louis XVI entre la lave d'un volcan et le fracas d'une tempête !

Les mœurs publiques dégradées par les cyniques orgies du cardinal Cubois et du régent, reçoivent une atteinte irréparable des exemples contagieux d'une cour impudique et d'un monarque corrompu. Des courtisanes de bas étage viennent s'asseoir sur les marches du trône, et dispenser à leur gré la fortune et les faveurs. Une marquise de Pompadour épuise tous les artifices qui peuvent maintenir la souveraineté de ses charmes, et parvient encore, après leur chute irrévocable, à se rendre nécessaire en consacrant son zèle et ses services au serail du *parc aux cerfs*. Cette étrange institution qui rabaisse le roi de France au niveau des barbares sultans de l'Asie, excite un mépris universel et porte la plus coupable déprédation dans les finances de l'état. Une comtesse Dubarry souille la couche royale des restes impurs de la plus abjecte prostitution, étale impudemment un luxe élevé sur les débris de la fortune publique, et brise par le dégoût les derniers liens qui rattachaient le peuple à la royauté.

Les querelles religieuses viennent encore, pendant plusieurs années, secouer leurs torches sur les royaume, et joindre un nouvel aliment à la fermentation générale. La bulle *Unigenitus*, donnée par Clément XI, partage les consciences en deux camps ennemis. Un père *Quesnel*, prêtre de l'oratoire, avait fait une traduction française du nouveau testament, suivie de *réflexions morales* et de discussions métaphysiques sur le libre arbitre. Louis XIV, à la sollicitation de quelques évêques, ayant prié le pape de régler et uniformiser la doctrine par une constitution définitive qui approuvât ou condamnât le livre de Quesnel, survint la fameuse bulle *Unigenitus Dei Filius* qui proscrivit les propositions de l'oratorien. Mais cet acte souverain, destiné à détruire ou à prévenir les divisions, vient au contraire les compliquer et les envenimer. La bulle eut ses adhérents et ses appelants. Elle devint bientôt un sujet de discorde dans le sein même de l'Eglise, et causa des troubles plus graves encore dans le sein de l'état. L'archevêque de Paris signala son zèle en établissant l'usage tyrannique *des billets de confession.* Les mourants qui réclamaient le viatique et l'extrême-onction, devaient prouver que leur conscience était dirigée par des *adhérents* à la bulle, sans quoi, les sacrements leur étaient impitoyablement refusés. Ces scandaleux exemples se répandent dans les provinces où ils provoquent de sourdes agitations. Le parlement, justement alarmé de ces dissensions intestines, et pour en prévenir le danger, les réduisent à la proportion de questions de police intérieure, et ordonnent aux évêques de mettre un terme à leurs tyranniques abus. Les évêques refusent, à leur tour, de reconnaître *l'autorité spirituelle* des parlements. Le roi veut en vain intervenir dans ce conflit des juridictions séculière et ecclesiastique... ses ordres sont entièrement méconnus. La magistrature et le clergé se livrent une guerre acharnée d'écrits justificatifs, de sermons fulminants et d'arrêts impérieux.... La force armée va chercher les prêtres pour les conduire au chevet des agonisants... le désordre est à son comble, et *l'intérêt de la religion* met encore une fois le couteau régicide entre les mains d'un assassin!

Robert-François Damiens a voulu punir Louis XV de ses tendances favorables à la tyrannie de l'archevêque, et par conséquent funestes au *salut* du peuple qui repousse, en général, les prescriptions de la bulle. Chose inouie! son intention n'a pas été de tuer le roi!... il a seulement voulu *l'avertir* de rappeler la tranquillité dans ses états, en rétablissant la la liberté des sacrements....*il a cru faire une œuvre méritoire pour le ciel* ! (1) Triste et invariable résultat des dissensions religieuses dont le souvenir d'Henri III et d'Henri IV aurait dû, pour jamais, garantir les rois et les sociétés !

Cet insensé expie horriblement son mystique attentat. Les hommes qui éternisent les causes directes du fanatisme, punissent pourtant ses effets par des supplices infâmes, épouvantables, plus odieux encore que le fanatisme lui-même ! Le malheureux subit tout le luxe des tortures les plus infernales que puisse imaginer la rage et la vengeance ! Des coins sont enfoncés entre ses genoux étroitement pressés l'un contre l'autre entre deux appuis. Sa main est brûlée dans la flamme pénétrante du souffre. Son corps est plusieurs fois tenaillé par des pinces rougies à blanc. Ses plaies sont inondées de plomb fondu, de bitume et d'huile bouillante. Quatre chevaux, montés par des bourreaux, tirent pendant une heure ses membres mutilés, qui ne se déchirent et ne se séparent qu'après avoir été profondément incisés par le fer. Ses restes sanglants sont livrés au bûcher et leurs cendres jetées au vent !.......

Il faut tirer le rideau sur ce spectacle de canniba-

(1) Interrogatoires de Damiens.

les.... L'humanité recule d'épouvante devant ces horribles charniers, où la justice allait puiser ses principes de morale et de civilisation. Ces scènes de férocité, plus dignes des cavernes des tigres que des sociétés humaines, font la honte éternelle des siècles qui les ont vues. Les condamnations iniques des Calas, des Syrven, des Labarre, viendront témoigner encore contre les ténèbres de l'ignorance et les attentats du fanatisme ! Quelle tâche immense, quels travaux herculéens devra bientôt accomplir le génie réformateur qui vient à grands pas purifier l'atmosphère et balayer l'horizon !

Oui, les nuages s'amoncèlent de toute part et redoublent d'intensité.... mais au-dessus d'eux s'élève une puissante lumière qui doit survivre à l'orage et triompher du chaos... En vain l'intrépide phalange qui livre ses immortels assauts à tous les despotismes, et brise les racines vivaces des préjugés, de l'ignorance, des priviléges et de la superstition, entend s'élever autour d'elle les anathèmes des spéculateurs, des hypocrites et des bigots... En vain les antiques vampires de l'espèce humaine, animés pour elle d'une tendre et *subite affection*, veulent-ils la prémunir contre le *poison de la philosophie* et l'envahissement de *l'incrédulité!* .... Non, non;... tyrans insatiables! audacieux imposteurs! Vos masques sont tombés! Le voile qui dérobait vos mystères est déchiré sans retour, et votre règne est fini... Si l'anarchie doit succéder un jour à l'oppression, et si l'impiété s'élève sur les débris de votre puissance, vous aurez, les premiers, à répondre de leurs excès; car vous avez lassé la patience des hommes et lâchement abusé de l'abus. Mais ceux que vous appelez, avec une sainte indignation, les ennemis du trône et de l'autel, et qui ne sont, après tout, que les ennemis de l'imposture, ne seront responsables ni des grands crimes ni des souillures ineffaçables qui termineront la victoire tardive de l'intelligence et de la liberté.

Ne fesons donc pas une injuste confusion de causes et d'effets. N'établissons pas, surtout, entre de legitimes sarcasmes et d'abominables saturnales une corrélation qui n'existe pas. La littérature et la philosophie du XVIIIe siècle n'ont pas plus amené la révolution française que le calendrier ne fait mûrir les moissons. Les ténèbres avaient fait leur temps; la lumière sociale annonçait son aurore; l'humanité était adulte; rien n'avait pu hâter sa croissance, et rien, désormais, ne pouvait l'entraver. Voyez aussi, quelle timidité dans ses premiers âges ; mais quelle audace dans sa puberté ! L'homme suppliait en esclave ; il va parler en maître et commander à son tour. Il était condamné ; il va être juge. Il tremblait sous la dépendance d'infidèles tuteurs ; il va les regarder en face, et lever l'étendard de la révolte devant les puissances imaginaires qu'il avait environnées de ses respects !

Déjà le nouveau monde a jeté le cri de l'insurrection. L'Augleterre obérée a voulu réparer les embarras de ses finances en accablant ses colonies de tyranniques impôts ; et la généreuse Amérique vient d'appeler de ces oppressives extorsions à son courage et à son épée. Le congrès de Philadelphie proclame *la déclaration des droits du peuple* et *l'acte d'indépendance*. L'Europe qui porta l'esclavage dans ces vastes et riches contrées, suit avec un attentif intérêt les phases de cette lutte glorieuse, d'où sortira pour elle un formidable signal d'affranchissement. La France, qui a tressailli la première aux succès de Washington, s'élance au-devant de la liberté américaine ; et la trafiquante Angleterre, écrasée sous le poids éternel de sa dette et de la haine universelle, rentre dans ses rivages, où elle porte la honte de sa défaite et l'implacable aversion du nom français.

Les temps approchent où la morale du Christ, profondément ensevelie sous les ruines dont l'égoïsme et l'ignorance avaient formé leur trône, va déployer son germe, et offrir ses trésors inépuisables, ses consolantes promesses aux peuples régénérés. La solennelle et majestueuse assemblée du 5 mai 1789 vient enfin ouvrir à la France et au monde l'ère de la résurrection. Ceux qui portaient à genoux les chaînes d'un dégradant esclavage, vont relever leurs fronts et commencer le règne de la souveraineté nationale. Mais, à mesure que l'histoire approche de ce dénoûment suprême, une immense émotion s'empare de notre âme qui se retire avec une mystérieuse terreur dans le silence du recueillement.... La plus généreuse, la plus noble, la plus loyale de toutes les nations va salir ses annales des plus exécrables forfaits, et contaminer le berceau de sa liberté! Des hommes étranges vont surgir de la terre comme la lave des volcans, et sembleront exhumer avec eux toutes les vengeances des générations séculaires du tombeau. L'orage révolutionnaire va se résoudre en un déluge de sang. Des catastrophes lamentables, des infortunes surhumaines, des crimes inouïs vont assombrir de leur lugubre cortége les funérailles sanglantes du despotisme féodal!... Y aurait-il donc une fatalité aveugle, absolue, qui tienne sans cesse un glaive suspendu sur les égarements des peuples, et se complaise aux éternelles tortures de l'humanité ? Non ; le cœur de l'homme de bien se révolte à cette pensée. Le brigandage ne fut jamais la justice des hommes ; il est bien moins encore la justice du ciel. Le châtiment d'un coupable peut être quelquefois *nécessaire* ; mais il n'appartient pas même à Dieu de légitimer une hécatombe de martyrs.... Non, non ; pas de réhabilitation, pas d'excuse, pas d'indulgence, pas de pardon, pas même le voile du silence et de l'oubli pour la mémoire de ces forcenés qui ont deshonoré leur siècle et désolé leur patrie !... Relisez leur histoire, recherchez leur but, remontez à leurs causes, tâchez de découvrir dans ce tissu d'exécrables et inutiles horreurs, non pas une justification ! nous la proclamons à jamais impossible ! mais une explication quelconque, une ombre de nécessité qui désarme la flétrissure et appelle la résignation..... Votre conscience ne pourra même leur accorder l'excuse de l'erreur ! On ne peut voir, dans cet effroyable chaos, qu'un immense vertige, une sanguinaire épidémie, un monstre à mille têtes, affamé de chair humaine et altéré de sang, un épouvantable fléau sans cause connue, sans but compréhensible et n'ayant pas plus d'enchaînement avec le passé qu'avec l'avenir!.... Les arrêts de l'inquisition étaient dictés par l'intérêt de la domination et le fanatisme religieux. Les Vêpres Siciliennes eurent la jalousie et les haines nationales pour cause ; elles furent la vengeance et la trahisons des vaincus. La jacquerie fut la révolte des opprimés contre leurs oppresseurs. La St-Barthélemy fut encore le délire du fanatisme et de la haine religieuse ; la ligue et la fronde, une lutte des factions contre la cour et la royauté. Les guerres civiles et les massacres les plus tristement célèbres ont tous un intérêt, une passion quelconque pour mobile. Les crimes de la révolution furent des crimes sans nom......... que l'on doit même impitoyablement dépouiller de la pudeur du prétexte.... Si la postérité doit être sévère pour ceux qui ont méprisé, foulé aux pieds les droits et la dignité de l'homme, elle doit être inflexible pour des antropophages qui ne purent trouver de défenseurs ou de panégyristes que parmi les brigands ou les insensés.....

Nous ne savons si cette impression constante, invariable, que nous avons toujours puisée dans ces pages funèbres de notre histoire, est injuste ou exagérée ; mais nous la manifestons sans crainte et sans scrupule, car elle prend sa source dans une sincère et invincible horreur du mal, quels que soient le masque et la forme qui le déguisent. Cette manifestation est le cri d'une conscience qui nous déborde; et le jugement flétrissant que nous osons porter contre les grands coupables qui ont versé tant de sang et fait couler tant de larmes, est, à-la-fois, un dogme consolateur et un pieux hommage adressé à Dieu dont on a trop souvent diffamé, profané, souillé la Providence, en couvrant les trop longues iniquités des hommes du mystère de ses décrets!... S'il y a eu volonté suprême, inévitable fatalité dans l'infâme assassinat de Louis XVI et ses immortelles infortunes, l'histoire n'a plus qu'à se prosterner avec vénération devant les bourreaux qui n'en furent que les instruments. La hache n'est coupable ni de crime ni d'erreur. Le juge seul est responsable de ses arrêts de mort; et Dieu seul a, dès-lors, creusé tous les abîmes que le fleuve des générations a rencontrés dans son cours! Ah! loin de nous ces blasphématoires maximes, ces désolants sophismes des partis politiques et de l'orgueil des hommes! Il n'appartient pas au méchant de se couvrir du manteau du destin. Sans doute il faut éclairer le peuple sur ses droits; mais il faut, avec le même soin, l'éclairer sur ses devoirs envers l'homme et la patrie ; le prémunir contre les piéges de ses flatteurs, les perfides conseils des ambitieux et les instigations des scélérats ! Nous avons vu des écrivains éminents et consciencieux, fouiller dans les entrailles de ce drame sinistre, et, séduits par la secrète influence de leur noble caractère ou les poétiques élans de leur âme, s'épuiser en efforts plus généreux que justes pour arracher quelques cadavres aux éternelles gémonies, et trouver dans le délire démagogique d'une horde d'assassins, l'accomplissement d'une terrible loi de la nature, les nécessités expiatoires d'une entière et immense rénovation. Nous protestons de toute l'énergie de notre âme contre cette étrange philosophie, parce qu'elle outrage à-la-fois le créateur et la créature ; parce qu'elle est anti-sociale, et qu'elle légitime d'avance tous les bouleversements de l'avenir, en justifiant tous les attentats du passé. Si la mort de Louis XVI, de Marie-Antoinette et d'Elisabeth, cesse d'être un monstrueux sacrilége pour se parer du bienfait de l'expiation, il n'y a plus de justice ni sur la terre ni dans le ciel, car notre conscience ne pourra jamais accorder le meurtre de l'innocent, ni au salut des institutions humaines, ni au caprice de la divinité.... Après les longues usurpations de la force sur le droit et la faiblesse, nous comprenons Jean-Jacques, Voltaire et Mirabeau; mais après les concessions du trône et les conquêtes de l'assemblée nationale, nous marquons d'un fer rouge, Philippe d'Orléans, Danton et Robespierre.

Etendons un linceul sur ce vaste champ de mort... et ne scellons jamais la pierre de ses tombeaux! Que les portes des catacombes révolutionnaires restent sans cesse ouvertes pour tous les âges futurs qui viendront y méditer de salutaires leçons..... guidons leur marche dans ce funèbre dédale; mais si nous gravons l'infamie sur le front des criminels, appelons l'indulgence sur ceux qui furent égarés. Oui, le peuple asservi depuis quatorze siècles, fut trompé par ses prétendus libérateurs qui le précipitèrent dans le crime et l'anarchie, pour mieux assurer leur sombre domination, et remplacer la royauté par leur féroce dictature. *Je vous entends, vous voulez régner*.... disait un jour Vergniaud à ces hypocrites Brutus, dont il démasquait les ambitieux projets; et ces seuls mots étaient le juste commentaire des plus *austères* sophismes et des plus *vertueux* discours! Exécration et guerre éternelle aux courtisans des peuples, plus dangereux et plus infâmes encore que les courtisans des rois.

Une triste et trop tardive consolation est pourtant offerte à la France terrifiée; les tigres pantelants qui ont voulu dévorer la révolution et absorber dans leur sanguinaire pouvoir, toutes les consciences, toutes les volontés, vont subir la loi du talion et se dévorer entre... Mais la nation qui a eu le courage et la force de renverser le despotisme du privilége, sera longtemps punie d'avoir lâchement respecté le despotisme de l'échafaud! Une main vengeresse va étendre sur sa tête le sceptre de l'épée. Ses ossements iront blanchir les déserts de l'Égypte et les champs de la Russie!... La victoire elle-même enflammera les haines et tracera les chemins qui conduiront l'invasion étrangère sur le sol humilié de l'immortelle patrie!... la barbarie va ramener à sa suite le fanatisme religieux et les antiques abus qui vont se poser hostiles en face des générations nouvelles, et faire remonter la civilisation de France jusqu'aux ténèbres de la féodalité! Mais leur char vermoulu se brise en éclats sous leurs efforts, et l'esprit humain reprend sa marche infatigable sous l'impulsion suprême et la mystérieuse vigilance de Dieu!..

. . . .

En est-ce encore assez? Sommes-nous à jamais voués au désespoir et à la malédiction? La vie humaine est-elle donc une mer sans calme et sans rivage??.. Vaisseau du destin, souffle invincible des temps, où nous conduisez-vous?

Enfants de la terre, courage et pas de murmures. Malédiction et désespoir sont faiblesse et folie! Les écueils ont disparu, les ténèbres s'enfuient, et la tempête meurt !... le port nous est promis, nous l'atteindrons !.. Voguez, enfants, voguez sans cesse, et rappelez-vous que les soldats de Colomb se prosternèrent devant lui, après l'avoir maudit et menacé du poignard.... Une aiguille fragile a conquis le nouveau monde; un seul mot descendu de la bouche du Christ, vous conduira dans les régions inconnues de l'ordre et de la paix :

FRATERNITÉ !

HAUTE MISSION

DE LA FRANCE

DANS L'AVENIR DES PEUPLES.

Quel est celui qui a deux gouttes de sang dans les veines, et qui n'éprouve pas, aujourd'hui, le besoin de rehausser sa patrie aux yeux des peuples étonnés de son abjection? Quel est celui qui n'est pas animé du désir de mêler sa voix accusatrice à ce long cri de réprobation qui s'élève de toutes parts, pour flétrir un pouvoir coupable et détesté? Quel est enfin l'homme de cœur qui ne voudrait pas soulever les chaînes qu'on nous prépare, et rappeler son pays à sa mission et à sa dignité?

Mes intentions sont pures. Je ne viens flatter ni les préjugés, ni les passions des partis. Mais je ne saurais m'aplatir devant l'orgueil et la tyrannie des fausses puissances. Je recherche avec ardeur la vérité pour tous, et je la dis à tous, dussé-je me heurter à d'incorrigibles préventions, ma franchise dût-elle déchaîner de formidables colères, et ne rencontrer, au lieu de sympathiques approbations, que les traits de la satire, de la haine et de la calomnie.

Plus de guerre entre les peuples, plus de combats dans les rues, plus de divisions parmi les citoyens ; mais plus de spéculateurs, plus de traîtres, plus d'histrions... telles sont les maximes qui dirigent ma plume, soutiennent mon courage, et recommandent mon œuvre à la bienveillance publique. Le seul reproche que j'accepte d'avance, et que je m'adresse franchement moi-même, c'est celui d'avoir voulu embrasser un trop vaste sujet, et d'être resté infiniment au-dessous de la tâche que je me suis imposée.

La force fut de tout temps impuissante à *constituer*. Cendres, ruines, débris, voilà ses invariables monuments ! Il faut enfin qu'elle soit détrônée. Le monde moral, comme le monde planétaire, est soumis à des lois immuables qui n'empruntent rien à l'anarchie. La lutte des idées, *la liberté de l'intelligence*, tel doit être à jamais notre évangile social. Je ne veux ni du fusil de l'émeute, ni de la hache des vengeances. Mais je veux qu'on s'indigne et qu'on méprise à haute voix..... Je veux que l'arbre des abus meure sur place sous l'influence de la pensée; que chacun ait le droit d'apporter son tribut à l'œuvre commune, et qu'une guerre sans trêve, sans repos, tienne sans cesse en échec toutes les tendances rétrogrades, toutes les erreurs, toutes les trahisons.

Je n'ai ni le talent d'un général ni l'ambition de diriger la bataille; mais j'ai dans mon carquois les flèches acérées des convictions et de l'indépendance; puissent-elles arriver à leur but, et puissent-elles frapper fort!

Il ne faut pas se le dissimuler; la France, depuis l'escamotage du 7 août 1830, est dans une honteuse et humiliante position; et ce qu'il y a de plus honteux encore, c'est que de malencontreux écrivains et de calamiteux orateurs ont eu le courage d'infliger à son avenir le rôle de puissance secondaire! Véritables vandales politiques ou littéraires qui trouveraient volontiers notre horoscope dans les pages du bas empire!... Oui, sans doute, nous sommes déchus, rabaissés, humiliés.... Ceux qui ne sont pas intéressés à éterniser le marasme social qui nous dévore, ne peuvent, à cet égard, se faire la moindre illusion. Oui, la France est renversée de son piédestal, et j'accuse hautement la révolution de juillet de cette abominable profanation. (1) Oui, sans doute, nous sommes en pleine décadence.... mais quatorze siècles pèsent sur les cendres d'Attila, et nous n'avons guère à redouter, aujourd'hui, que les *barbares indigènes*; pauvres envahisseurs, dont le génie national et la raison publique ne manqueront pas de faire tôt ou tard justice; ignoble ramassis de saltimbanques qui se croient plus forts sur leurs tréteaux, que la convention sur son trône de fer, ou l'empire sur ses aigles et ses victoires!

Mais est-ce bien le moment de rappeler à la France ses hautes destinées? Que veut ce cri étrange lancé au milieu d'une atmosphère de honte et d'infamie

(1) Il est bien entendu que mon accusation ne porte nullement sur la *forme de gouvernement* adoptée en 1830. Elle s'applique exclusivement aux résultats et aux lâchetés de sa politique.

qui ne reçoit ni ne transmet plus les sons d'honneur et de liberté ? La presse et la tribune, ces vigilantes sentinelles aux infatigables et retentissants *qui vive*, n'ont-elles pas en vain épuisé leurs efforts à secouer notre immobile torpeur ? La France couverte de sangsues, incisée jusqu'au vif, saignée, pressurée, torturée, dévorée jusqu'aux entrailles par une nuée de corbeaux, n'est-elle pas, désormais, un cadavre enchaîné par la tête, pour être bientôt traîné aux gémonies des nations ?

Non, Dieu merci ! tel n'est pas son destin. Les apparences de la mort ne furent jamais pour elle que de laborieuses transformations qui lui rendirent toujours une plus grande force, une plus belle vie. La France dort depuis 17 ans..... voilà tout. Elle dort encore à la suite d'une victoire dont les fumées l'enivrèrent et obscurcirent sa vue. Elle dort, car sa puissante vie compte des jours de gloire radieuse et de profondes ténèbres, de soleil et d'aveuglement, de victoires et de revers, de tempêtes et de repos.

Mais l'empirisme doctrinaire voudrait en vain prolonger sa crise léthargique. Bientôt nous la verrons, des Pyrénées au Rhin, des Alpes à l'Océan, s'animer et frémir et bondir en sursaut sous l'aiguillon de ce sinistre cri : *France, prends garde à toi !*

A vous donc, hommes de cœur, de convictions et d'avenir, patience, espoir et courage! la France est immortelle et se relèvera. Et vous, traitres et vampires, avortons et pygmées! dépêchez, dépêchez! courez sus au géant. Vite, vite, vos baillons de septembre et vos ceintures de pierre; entendez-vous, larrons, pour insulter au sommeil du colosse et lui voler sa bourse. Agitez sur son corps votre sale fourmilière; entassez autour de lui vos piéges et vos immondices... Sur mon âme, je vous le jure, sous peu vous disparaîtrez tous; car je le vois saisi de mystérieuses agitations, précurseurs infaillibles de son prochain réveil.

Comprenez-le bien, pourtant; je ne veux ni soulever des vengeances, ni évoquer d'anarchiques souvenirs. Je ne demande pour vous d'autre châtiment que la cessation du mal que vous faites. Je ne m'adresse pas aux instincts de la bête fauve, dont l'homme ne fut que trop longtemps l'émule. Je fais un appel à toutes les intelligences qu'éclaire l'avenir de la France et de l'humanité. Sicaires du despotisme, réactionnaires de tous les partis, colporteurs de rancunes, charlatans populaires, vils courtisans des rois, trainards de tous les camps, immuables Marius, tristement assis sur les ruines du passé, arrière et faites place, on ne veut plus de vous. Drapez-vous fièrement dans vos guenilles politiques ; respectez la poussière des antiques erreurs... Mais laissez, laissez passer le fleuve humanitaire ; ses flots rejettent les débris ; ils marcheront sans vous.

Non, plus de partis ! J'appelle de tous mes vœux le jour où ils seront *tous* anéantis ; ils ne sont *tous* autre chose que d'éternels ferments de discorde et d'anarchie ; il est temps enfin que nous soyons délivrés de toutes ces formules de guerre, symboles vermoulus de haines et d'extermination...

Comment donc les hommes si fiers de leurs découvertes et de leur royauté sur la terre, n'ont-ils pas encore vu que toutes ces luttes intestines, parées du beau nom de principes, ne sont et ne seront jamais que des germes de révolutions, c'est-à-dire d'intérêts opposés qui se livreront constamment de sanglants assauts ! Et si l'on veut être juste pour tous, on arrivera à cette désolante conséquence, que cette guerre sans fin est une guerre juste, parce que chaque parti est *exclusif* et *oppressif* des autres, et que les hommes dont le bien-être ou les intérêts sont en souffrance, ont le droit *imprescriptible* d'attaquer et de renverser les tyrans qui les oppriment, *Dicta-*

teurs, Assemblées, Protecteurs, Empereurs ou Rois... Je le dis donc avec la plus inébranlable conviction : tant que *tous* les intérêts, *tous* les besoins légitimes de *tous* les membres d'une nation, royaume ou république, ne seront pas satisfaits, elle sera périodiquement et *éternellement* la proie de l'anarchie.

Cette proposition, qui soulèvera, sans doute, les clameurs des optimistes parvenus de 1830, doit naturellement amener cette question : « L'ordre actuel » est-il le *nec plus ultra* de la perfection sociale et » politique ; y a-t-il des besoins qui gémissent, des » intérêts qui souffrent; en un mot, sommes-nous à » la fin de nos guerres civiles, c'est-à-dire : *Ver-* » *rons-nous encore des révolutions??...*

Si l'histoire de tous les peuples et de tous les siècles n'est pas un mensonge; si l'homme a toujours la même nature, les mêmes tendances, les mêmes passions; si le bien-être est le but incessant de ses aspirations, et la souffrance, l'objet de ses attaques et la cause de ses combats..., il faut savoir le reconnaître et le dire avec courage! Hélas! oui, la France est encore menacée de nouvelles catastrophes! En vain veut-on nous éblouir du mirage menteur de sa colossale *prospérité*; en vain les Damoclès du jour affectent-ils de vanter, d'admirer la fortune et les vertus du plus grand monarque des temps modernes..... bien aveugles, sont ceux qui ne voient pas l'épée suspendue sur leurs têtes!... La vague populaire s'enfle et mugit dans le lointain ; les éléments eux-mêmes semblent réunir leur fureur à la tempête sociale que trahissent déjà de sinistres éclairs ! A-t-on donc oublié notre histoire contemporaine? N'a-t-on pas vu, naguères, l'antiquité de la race, le prestige de la gloire, la puissance du génie, tout ce qui commande le respect et l'admiration des hommes, tomber et disparaître sous la tourmente enfantée par le malaise, la détresse et la servitude des peuples? Terrible leçon, triste garantie pour ceux qui croient s'éterniser sur les bases de la honte, de la corruption et de l'impopularité!....

«Mais quoi? quelle contradictoire aberration ! Vous » qui voulez la concorde et la fusion ou l'anéantis- » sement des partis, vous appelez de nouveaux dé- » chirements sur la société? Vous soulevez les fac- » tions, et vouez les inventeurs immortels de la » paix à tout prix, à la haine et à la ven- » geance?....

Non, je l'ai dit. Je ne veux qu'on se venge de personne, pas même de vous, qui n'êtes pas même un parti! qui n'êtes qu'une méprisable coterie sans convictions, sans dignité, sans honneur, sans principes... Bien au contraire, je fais des vœux pour que vous ne soyez pas victimes de votre égoïsme et de votre incurie, et je désirerais ardemment vous voir tous réunis sous la bannière de la justice et de la grandeur nationales! Les maximes que je proclame, soyez en sûrs, vous garantiront peut-être plus que le souvenir de vos actes passés, dans le moment du danger... Loin d'appeler l'anarchie, j'en redoute la menace et je voudrais la conjurer... Non, non; celui qui voudrait assister au sublime spectable de l'harmonie universelle, n'est pas un fauteur de troubles et de discordes... Mais vous, messieurs, qui êtes aujourd'hui de si austères admirateurs de l'ordre et du repos public; vous dont la langue n'est pas assez riche pour flétrir convenablement *les coupables projets, les ténèbreux complots, les anarchiques passions, les inquiètes menées* des factieux et des conspirateurs; vous qui versez des larmes d'attendrissement sur ces *flots* de *bonheur* et de *richesses*, dont vous voyez la France inondée; avez-vous été toujours, dites-moi, aussi bucoliques et aussi pastoraux?... N'est-ce pas vous, si je ne me trompe, qui avez voulu bâtir un trône sur cette maxime : qu'il est des circonstances *où l'insurrection est le plus saint des devoirs ?* Vous avez dit là une grande vérité, messieurs ; c'est le devoir, c'est le droit de tout homme qui souffre ; et pour mon compte, je ne reconnais, aujourd'hui, de vrai, de *légitime* système gouvernemental, que celui qui fait taire la faim, tarit toutes les larmes, n'exclut personne, ouvre carrière à tous les intérêts et développe *toutes les libertés*, au lieu de les avilir et de les enchaîner. Voilà pourquoi je crois fermement à un prochain, et peut-être dernier ébranlement social ; voilà pourquoi votre sécurité n'est qu'un fantôme ou un rêve ; voilà pourquoi vous foulez un volcan que vous feignez d'ignorer et que vous avez soupçonné, *car vos mesures sont déjà prises, et vos bastilles sont debout !*

Mais qu'importe à la France et à l'humanité que Paris ait laissé creuser son tombeau ? Son tombeau ! quel atroce blasphême ! quelle vandalique prophétie ! la capitale du monde civilisé vouée d'un trait de plume à une future destruction !.... Eh bien ! oui, dussé-je soulever de patriotiques indignations ou provoquer le sourire de l'incrédulité, je persiste à croire, et plaise à Dieu que je me trompe ! que du jour où notre aveugle capitale a laissé s'élever autour d'elle ce vaste et funèbre mausolée, de ce jour date le signal de sa ruine et son arrêt de mort!.... Mais encore une fois que nous importe? Les destinées humaines sont bien loin d'être attachées à la perpétuelle existence de cet immense foyer de vices et de crimes, de misères et d'anarchie. La France est assez vivace pour placer sa tête où elle voudra; et j'entrevois dans l'avenir le jour où elle laissera Paris avec ses trois mille canons, ses émeutiers, ses assassins, ses voleurs de haut et bas étage, ses égoûts, ses prostituées, ses lugubres et épouvantables souvenirs, pour porter son cerveau dans un crâne plus pur.

Mais cette question des fortifications trouvera plus loin sa place dans un chapitre où je la traiterai sous le triple point de vue militaire, politique et social.

On le voit donc par ce qui précède; je ne viens me faire ici l'apôtre d'aucun parti. Malgré les titres de gloire dont ils peuvent tous s'énorgueillir, ils se condamnent tous, les uns par leurs excès, les autres par leurs préjugés. Leurs luttes alternatives nous ont donné de bien cruelles leçons, et nous ont appris que le repos et la prospérité de la France sont incompatibles avec les utopies de l'égalité républicaine, avec le régime du sabre, la soif des conquêtes, les priviléges exclusifs des castes, les gothiques usages des vieilles monarchies, et plus encore avec l'avènement d'une bourgeoisie corruptible et déjà corrompue. Consultons nos souvenirs avec impartialité, nous aurons la certitude que la France a toujours été la dupe des partis, et qu'elle n'a jamais trouvé au fond de chacun d'eux que le servage de la féodalité, les assassinats de la convention, les atrocités de la terreur, les pasquinades religieuses du *vertueux* Robespierre, les sanguinaires conceptions du *pudique* Marat, la colossale ambition de Bonaparte, l'insatiable dictature de l'empereur, les complots des mécontents, les haines et l'invasion de l'étranger, les rancunes des vaincus, les réactions des vengeances, les jongleries impudentes des faiseurs de miracles, les furibondes prédications des jésuites, les luttes parlementaires enfantant les luttes sanglantes des rues, la violente expulsion des uns, l'intronisation des autres, et pour prix de ces longs et lamentables efforts, l'escamotage d'une révolution au profit d'une coterie, les violations du pacte fondamental, les lois de septembre, la résurrection des bastilles, l'enchaînement des libertés, le cynisme des corruptions et des apostasies, la détresse commerciale, l'envahissement de la misère, les exigeances progressives de l'impôt, le dépérissement de la marine, enfin la honte et l'avilissement de la première puissance du monde..... voilà quelles sont les œuvres des partis! En vérité, ne dirait-on pas que la nation française s'est chargée de réaliser la fable de Sisyphe, en traînant à travers les siècles l'éternel fardeau de ses réformes, de ses douleurs et de ses avortements!..... Le Christ paya de son sang la propagation de cette pensée divine : *Aimez-vous les uns les autres;* dix-huit cent quarante-sept ans ont passé sur cette maxime humanitaire, et nous ne sommes pas encore fatigués de crier : *A moi Auvergne, à moi le parti!* Est-il donc dans la nature et dans la destinée de l'homme de verser fatalement le sang de l'homme!... La terre cesserait-elle de tourner sur son axe et d'enfanter la vie, si elle n'était abreuvée des larmes et du sang de l'humanité? Non, mille fois non; les impies et les méchants peuvent seuls vouer l'univers à ces impitoyables malédictions, à cet atroce destin! Plus on sera *sincèrement* et *intelligemment* religieux, plus on devra croire que l'homme est fourvoyé et hors des voies de Dieu! A l'œuvre donc, et courage, vous tous, hommes de l'avenir, qui jugez du prix futur réservé à l'humanité, par le sang, les douleurs et les travaux inouïs qu'il lui aura coûtés! Si telle doit être la mesure de ses récompenses, ce prix, on ne peut pas l'imaginer trop beau! Marchons, et combattons; les égoïstes, seuls, ne s'inquiètent pas de l'avenir de leurs semblables. Il y a toujours pour l'homme de bien un secret bonheur à lutter contre le mal! Philosophes, économistes, réformateurs, socialistes, (1) écrivains généreux et infatigables qui consacrez vos veilles, votre vie à la poursuite du *grand problême social*, marchez, *et marchez toujours!* Foulez aux pieds les sarcasmes, l'indifférence et la fausse incrédulité des bienheureux du siècle qui trouvent la Providence assez prodigue de bienfaits, parce que les sinécures de la corruption et de la faveur, ou le succès de scandaleuses et immorales spéculations, les ont gorgés de trésors au milieu des besoins et des misères populaires. En vain ils s'entourent de retranchements et de bayonnettes; en vain ils multiplient les lois *prétendues constitutionnelles* pour étouffer nos voix et museler

(1) Je dois faire observer que ces mots, pouvant s'appliquer indistinctement à des systèmes erronés, contradictoires, justes, vrais ou faux, ne sont employés ici que pour indiquer les intentions généreuses des écrivains et les progrès relatifs qu'ils font faire à l'esprit humain, sous toutes réserves des critiques que les uns et les autres peuvent encourir.

la liberté ! La liberté tient ses puissantes ailes suspendues sur la terre de France, et n'attend, pour y poser son pied, que de la voir balayée sans retour des ténèbres de l'erreur et du fardeau des partis..

Mais ne nous y trompons point ; la tâche de 89 n'est pas encore terminée. La révolution française ne fut autre chose que le point de départ de l'émancipation humaine. Elle jeta aux despotes le premier cri de révolte par la bouche de Mirabeau ; cri terrible et fécond que se passent les peuples, et sous lequel doivent bientôt succomber toutes les royautés absolues. Elle fut le premier signal d'un renversement universel qui se poursuit encore, et que la France, SEULE doit remplacer par la constitution et la régénération du globe. Elle entassa pêle-mêle sur le sol de la patrie, les immenses matériaux du monument de l'avenir, au milieu des ruines de l'édifice du passé. Mais, je le répète, sa mission n'est pas accomplie, ou plutôt, la nôtre doit commencer. Les générations qui se succèdent ne sont que les mille phases du développement de l'humanité. A nos pères, l'immense labeur du défrichement social ; à nous, les espérances... à nos enfants, les richesses de la moisson. Mais prenons-y garde ! . . . les plantes parasites pullulent dans les sillons, *et l'insecte dévorant se cache dans les tiges !*... Ce n'est pas en vain, sans doute, que la France fut tant de fois arrosée de sueurs et de sang ; Elle recueillera un jour le fruit de nos infatigables travaux.... mais sachons *garder, surveiller* et *protéger* nos conquêtes ! La tyrannie et la liberté, ne l'oublions pas, sont les génies du mal et du bien qui se disputent le monde et se livrent d'éternels assauts. Le despotisme, enfant des ténèbres, terrassé par son immortel ennemi, nous fait encore une guerre d'embûches. En doutez-vous ?... La nation avait successivement traversé le despotisme nobiliaire ou féodal, le despotisme républicain, le despotisme impérial, et, après une période transitoire qui s'appela restauration, où l'on vit encore le despotisme religieux, vieux lambeau de l'antique féodalité, couvrir un instant la France de son réseau suranné, la nation, dis-je, était arrivée à un système bâtard, qu'on a nommé *juste milieu*; qui devait être le palladium de la gloire, de la prospérité publique, et que nous voyons de plus en plus caractérisé par l'absence radicale des convictions et des principes, la glorification, l'apothéose des intérêts et de la corruption. Il était donc dans l'ordre des choses qu'un pareil système enfantât une nouvelle féodalité : celle de l'argent, c'est-à-dire une aristocratie de boutiquiers, de marchands, de fabricants et de banquiers, aristocratie plus coupable, cent fois, que l'ancienne, parce qu'elle est aussi affamée de priviléges et plus insatiable d'honneurs, de luxe et de richesse; parce qu'elle n'a ni entrailles, ni cœur, ni conscience, ni patriotisme; règne de gens qui *vendraient* leur âme et leur patrie, pour le maintien de l'ignoble paix dont on leur fait l'aumône et pour le culte du veau d'or; enfin, parce qu'elle s'assied audacieusement sur les débris du champ de bataille, après cinquante ans d'une sanglante lutte qui venait de donner de terribles leçons de progrès et de liberté.

Il serait donc rigoureusement vrai de dire que le despotisme ne meurt point; mais il sait, odieux protée, prendre toutes les formes, épuiser toutes les ressources. Il ne parle plus en maître; il déguise son langage. Il agitait jadis ses chaînes au grand jour; il promène aujourd'hui ses filets dans les ténèbres. Il change son nom, il change ses allures, et il met un masque.

Les dictateurs sont morts? Vive la nation!

Les ordonnances ne sont plus, le droit divin est aboli? Vive la charte et les trois pouvoirs!

Le drapeau était blanc? de quelle couleur le voulez-vous?... parlez, messieurs, vous serez satisfaits.....

Ces misérables ont attenté à la liberté de vos presses ? IL N'Y AURA PLUS DE PROCÈS DE PRESSE !.....

Combien leur payez-vous d'impôts ? un milliard.... un milliard ?... imprudents ! vous voyez bien que vous étiez volés ! Approchez, mes enfants, approchez, et bénissez-moi ! je suis le gouvernement bourgeois et à bon marché... garde nationale, jury, presse, élections, libertés d'enseignement et d'association, réduction d'impôts, réformes, abondance, gloire et prospérité !... Voilà, voilà mes promesses ; je n'en rabats aucune ; vous aurez tout, et plus encore !... allez, soyez heureux !

Sonnez, clairons ; tambours, battez aux champs !

Vous le voyez ; la recette est facile. Le *charlatan* rit sous cape, et le peuple s'en va, libre et content, rendre grâces aux dieux. Libre.... comme l'oiseau qui traîne un fil après lui... jusqu'à ce qu'il s'aperçoive qu'il est englué sous le plus grotesque despotisme : *le despotisme constitutionnel !!*

Vains efforts d'un pouvoir aux pieds d'argile ! Nous possédons généralement aujourd'hui le sentiment de la dignité humaine. Le droit et la liberté sont à l'état d'axiômes. Le despotisme ne se discute plus ; on le renverse; et pour cela, il n'est pas besoin d'annoncer de loin la bataille, comme au siècle de Jean-Jacques, de Voltaire, de d'Alembert et de Mirabeau.

Oui, la France qui veut, peut tout ce qu'elle veut. Mais j'ai hâte d'expliquer ma pensée, pour la sauver des colères officielles et des interprétations de la calomnie. Je ne sais que trop que les nations qui souffrent, en appellent à leur épée. Guerre aux tyrans! —Vengeance et liberté! tels sont leurs cris de réveil et de ralliement. L'indignation les agite, la haine les exalte, et leurs efforts seront d'autant plus convulsifs que l'oppression aura été plus longue et leurs chaînes plus lourdes. Mais l'heure a sonné pour nous, Français, sachons-le bien, de donner au monde d'autres exemples que ceux d'une brutale anarchie. N'oublions pas, surtout, que nos luttes passées contre la tyrannie, *toutes*, sans exception, n'ont abouti qu'à nous faire tomber de Charybde en Scylla. Sans doute un peuple qui sort de l'esclavage, comme Minerve du cerveau de Jupiter, armé de pied en cap, est toujours victorieux. Mais son énergie s'use dans le combat, ses forces disparaissent, et un despote nouveau vient le surprendre dans l'épuisement de la lutte et l'illusion de la victoire. Bonaparte devint **EMPEREUR** des Français qui avaient juré, la veille, une guerre d'extermination à tous les rois. Cromwel fut le **PROTECTEUR** de la république anglaise, après le meurtre de Charles Ier, *coupable de tyrannie!* Jules César fut élu **DICTATEUR**, se rendit maître de la république romaine, et ouvrit l'ère impériale qui enfanta cette longue suite d'abominables brigands, couronnés sous les noms des Tibère, des Caligula, des Néron, des Domitien, des Commode, des Héliogabale et autres, jusqu'au partage de l'empire par Constantin, et au démembrement qui en fut la suite. Heureux encore, les peuples asservis par un César, un Cromwel, ou un Bonaparte! ils oublient la liberté sacrifiée sur les autels de la gloire, et le testament du dictateur, les convie parfois au partage de ses trésors!

Autres temps, autres mœurs! les jours de gloire sont passés; la liberté n'est qu'un mensonge, et les plus riches monarques sont aujourd'hui des mendiants qui n'ouvrent leurs coffres que pour les remplir, et ne tendent la main que pour recevoir!

Cependant, je le répète, plus de colères, plus de combats, plus de sang! nous sommes désormais assez forts pour dédaigner la fureur. Notre sève nationale est trop féconde et trop nécessaire aux branches de l'humanité pour l'épuiser ainsi dans d'éternelles et inutiles convulsions. Si les gouvernements qui ont méconnu les droits de l'homme, ont toujours trouvé le châtiment dans le sein même de leurs abus, les peuples dont une vengeance aveugle a souillé la victoire, trouvèrent toujours après elle l'esclavage et le repentir. Méditons cette vérité historique, éternelle, qui ne s'est jamais démentie, et nous découvrirons peut-être la cause unique de nos larmes, le secret de nos consolations; et nous ne croirons plus que Dieu nous ait donné l'empire de la terre, pour nous égorger sans relâche depuis Caïn jusqu'à la fin des temps! La convention nationale, dans son fiévreux délire, jeta une tête royale en défi aux despotes coalisés!.... Jetons-leur des exemples d'union et de fraternité. Conquêtes pacifiques audedans, propagande humanitaire au-dehors, telles sont les devises qui doivent illustrer nos bannières. C'est ainsi que, par nous, la liberté fera le tour du monde. Mais ce n'est pas le char de la victoire qui la portera d'un pôle à l'autre; elle ne doit pas se présenter aux peuples, précédée des canons et du sanglant appareil des batailles. Quelle est aujourd'hui la puissance des Grecs ? Que reste-t-il des conquêtes d'Alexandre ? Un fantôme de nation... Qu'est devenue la liberté de Rome ? Que reste-t-il des conquêtes de César, des huit cents places fortes qu'il emporta d'assaut, des trois cents peuples qu'il assujettit et des trois millions d'hommes qu'il vainquit à la tête de ses armées ?... les états du pape et la tutelle de l'Autriche... Louis XIV, dont le règne brilla d'un si prodigieux éclat, vit aussi l'Europe liguée contre ses armes ambitieuses. Sa puissance maritime, d'autant plus glorieuse qu'il en fut le créateur, fut humiliée, à son déclin, par la destruction du port de Dunkerque, sous la surveillance des agents de l'Angleterre ; et la carrière de sa gloire sur le continent, ouverte par les brillants exploits des Turenne et des Condé, illustrée par le génie des Vauban et des Colbert, fut éclipsée par l'intrépidité du prince Eugène et l'heureuse étoile de Marlborough !..... Que nous reste-t-il, enfin, des conquêtes de la république et des innombrables victoires de l'empire ? Les traités de 1815 ! La France circonscrite dans ses antiques limites ! Partout, dans l'histoire de tous les temps et de tous les lieux, nous voyons l'édifice de la puissance humaine s'écrouler avec fracas, lorsqu'il est cimenté par le sang hnmain, sang des peuples, des guerriers, des martyrs ou des rois !....

Ces enseignements historiques et l'état de profonde dégradation dans lequel nous sommes tombés, ont conduit, je le sais, bien des hommes intelligents, du reste, à douter de l'avenir de leur patrie. La France, disent-ils, doit subir le sort de toutes les nations qui passent comme des feuilles emportées par le souffle des siècles. Babylone, Troie, Tyr, Carthage, et tant d'autres cités fières de leur opulence et de leur grandeur, n'ont-elles pas disparu de la scène du monde, sans laisser plus de trace de leur passage que n'en laisse un vaisseau sur la surface de l'Océan? Pourquoi donc et à quel titre la France prétendrait-elle à l'immortalité ? Nous avons dès longtemps atteint notre apogée. Aujourd'hui nous descendons rapidement de l'autre côté de l'échelle... d'où la conclusion, triste, décourageante, mais rigoureuse, que la France doit périr !...

Voilà autant d'hérésies sociales qui ne peuvent s'expliquer et se justifier que par une fausse appréciation des temps et par le découragement qu'enfantent l'impuissance de nos institutions, l'impéritie manifeste et les coupables prévarications de nos hommes d'état. C'est mal comprendre, ou plutôt entièrement ignorer le rôle vital que la France joue dans l'organisme humanitaire, que de la frapper ainsi d'une décadence fatale et irrévocable. Les progrès, l'agrandissement, le déclin et la mort d'anciens peuples, quoique nous offrant de nombreux précédents historiques, ne peuvent nous servir de comparaison ou d'analogie pour décider si le destin lui réserve une mort plus ou moins éloignée. Les rôles ne sont plus les mêmes ; les positions sont changées. La civilisation(1) n'est plus à l'état de germe ; elle étend et multiplie tous les jours ses magnifiques rameaux ; elle n'a plus à redouter aujourd'hui les invasions des barbares ; c'est la barbarie qui tremble devant elle, et va demander un asile précaire aux antres de l'Atlas et aux sables des déserts. Non, la France ne doit pas et ne peut pas mourir, parce que Dieu lui a confié le dépôt sacré des destinées de la terre. Le monde a besoin d'elle, parce qu'elle est à-la-fois la

(1) Ce terme demande encore une explication. Il ne faudrait pas croire, comme le font tant de gens, que la *civilisation* ait déjà épuisé toutes ses ressources, et dit son dernier mot. Elle est encore immensément loin de son apogée. Elle réserve aux générations futures des richesses qui doivent nous être inconnues. J'entends donc par *civilisation*, la marche progressive, les conquêtes incessantes, le développement ascensionnel de l'intelligence humaine. Sous ce rapport je ne puis que blâmer les critiques amères qu'un des plus étonnants écrivains de l'Europe a prodiguées à la civilisation. Mais nous nous occuperons plus loin des ouvrages et du système *attrayant* de Fourier.

tête et le cœur du monde. Supprimez la France, et vous ferez reculer le char de l'humanité vers les limbes des premiers âges. Toutes les nations qui veulent prendre place au banquet de l'intelligence, et qui sont mûres pour la liberté, ont pour elle de secrètes et impérissables sympathies. Chacun de ses mouvements les fait tressaillir et secouer leurs chaînes..... Quand elle parle, tous les peuples écoutent; quand elle marche, l'Europe tremble sous ses pas... la France enfin ne doit pas périr, car l'univers doit être un jour libre, éclairé, florissant, et la France est la patrie des lumières et de la liberté. Elle est la plus homogène de toutes les nations, par son langage, par ses mœurs, par son patriotisme, par ses institutions, par son culte et par ses provinces. Elle n'a pas, comme la Russie, une Pologne à museler et à surveiller. Elle n'est pas, comme l'Angleterre, poursuivie, sans relâche, par le cauchemar d'une Irlande mourante et affamée. Elle n'est pas, comme l'Autriche, fractionnée dans son territoire, dans ses mœurs, dans son langage, ni inquiétée par les tendances de L'Italie. Elle n'est pas, comme l'empire turc, tantôt dépouillée de la Grèce, tantôt menacée par les réformes et la puissance d'un guerrier Egyptien ; tour à tour consternée par les désastres de Missolonghi et de Navarrin, ou la bataille de Nezib!.... Sa position topographique elle-même, en prêtant un puissant appui à son génie souverain et initiateur, n'est-elle pas un frappant indice de son universelle mission? Assise au cœur de l'Europe qu'elle soulève et qu'elle apaise à son gré; ses deux bras étendus sur de vastes mers qu'elle semble menacer ou protéger, et qui selon l'expression du prince des orateurs modernes, *viennent solliciter le génie de notre intelligence*; première puissance du continent, et, si on le voulait bien, rivale triomphante de ses insolents voisins, la France, enfin, n'est-elle pas un astre fécondant et dominateur dont toutes les nations seront un jour les satellites?....

Nous le savons, pourtant : une seule puissance marche à côté d'elle, comme le mal à côté du bien, pour entasser sur ses pas tous les obstacles de la haine et de l'envie.... Mais que l'Angleterre s'en souvienne! depuis des siècles la France observait de ses rivages les repaires des pirates d'Afrique.... Ces repaires sont détruits... le désert est vaincu, et la civilisation française marche à la conquête du grand continent africain!... Eh! bien, la France a d'autres rivages, sur lesquels plane encore l'ombre de Napoléon, et d'où elle observe aussi les pirates de la

Grande Bretagne !... Insolents flibustiers, lâches incendiaires, trafiquants de poison, voleurs de territoires, fauteurs de massacres et d'assassinats, complices ténébreux de la barbarie aux abois, rapaces écumeurs de mer, détestables forbans déguisés sous le manteau du commerce et de l'industrie, Anglais, enfin, sachez-le bien, la France a l'œil sur vous! Pirates de Londres, il était digne de vous de menacer les vainqueurs de vos confrères d'Alger !... Barbares d'Albion, il est digne de vous de secourir et de protéger les barbares d'Afrique !... Mais, je le répète, l'Angleterre a dès longtemps comblé la mesure de ses iniquités... l'expiation vient frapper à sa porte, et le monde entier qui a été sa victime sera bientôt son juge... Après les massacres de Vérone, que l'histoire a flétris du nom de Pâques Vénitiennes, Bonaparte s'écria : *Venise a vécu* ! et le traité de *Campo Formio* la raya de la liste des nations; et cette orgueilleuse république, fondée depuis quatorze siècles, vit, dès ce jour, sa puissance ensevelie dans les lagunes qui avaient été le berceau et le théâtre de sa gloire!... Eh, bien ! viendra le jour aussi, où l'Europe entière, réunie à la France dans un même concert de haines et de réprobations, jettera ce cri formidable et solennel : *L'Angleterre a vécu !*

Telle est la différence fondamentale du caractère des deux peuples. La France protége, éclaire et affranchit... L'Angleterre épuise son génie mercantile et industriel pour opprimer, dépouiller, rançonner le globe dans l'intérêt d'une poignée de cupides grands seigneurs ! L'une civilise, émancipe, féconde; l'autre enchaîne, pressure, détruit. C'est ce qui explique la haine héréditaire que les gouvernements absolus, tels que la Russie, la Prusse, l'Autriche, la Turquie, nourrissent contre nous, et les sympathies instinctives que nous conservent les peuples intelligents et éclairés. Si donc on juge sainement l'avenir de l'humanité, la marche des événements, les profondes méfiances des cabinets, les haines des oppresseurs, les éspérances des opprimés, les progrès et l'invincible contagion de nos doctrines, on verra que cette haute suprématie de la France sur toutes les sociétés humaines n'est pas la chimérique utopie d'un enthousiaste patriotisme, mais bien la juste appréciation de son génie et de sa destinée. Il n'est pas jusqu'à la bizarre ressemblance que nous offrent les phases de sa vie avec les phases de l'empire romain, qui ne soit une nouvelle garantie de son invincible puissance et de son immortalité. L'histoire de Rome se résume en quatre mots, inscrits sur la route des siècles : royauté, république, empire, invasion... Les pages de notre histoire nous présentent les mèmes vicissitudes, bien que renfermées dans des périodes différentes : royauté, république, empire, invasion !.. Mais ici l'analogie disparaît, le rapprochement cesse. Rome succombe ; les Huns, les Goths, les Vandales se partagent les lambeaux du colosse déchu.... La France reste debout, la main sur son épée, au milieu des barbares de 1815 !.., ils respectent encore ce formidable géant qui n'est qu'à demi vaincu.... ils épuisent sur ses monuments la rage des souvenirs, et s'eloignent POUR JAMAIS, comme honteux d'avoir profané une terre sacrée, ou effrayés de s'être avancés jusqu'au cratère d'un volcan !

Oui, je suis convaincu que la France est prédestinée à la glorieuse mission d'organiser et de constituer le globe. Mais pour qu'elle puisse l'accomplir, il faut avant tout, qu'elle se constitue elle-même ; qu'elle recherche et trouve le perfectionnement, le dernier mot de la révolution de 89, et qu'elle pose enfin son existence tempétueuse sur les bases éternelles de la logique, du droit et de la liberté. Or, ces trois éléments des sociétés futures étant TOUS aujourd'hui sacrifiés ou comprimés, nous aurons à faire de nombreuses excursions dans le champ des diverses institutions nationales, pour prouver qu'elles doivent être, TOUTES, ou rétablies dans leur but primitif, ou modifiées, ou changées, ou complètement abolies. Mais cette réforme sociale, quoique devant être successive et graduelle, est entièrement subordonnée à une réforme politique.... Un pouvoir qui ne songe qu'à se gorger d'abus de toute espèce, qui redoute le moindre mouvement comme devant être le signal de sa chute, qui n'est littéralement occupé que de son existence précaire et tous les jours menacée, qui n'a d'autres ressources de salut que les bastions féodaux, les chaînes de la parole et de la pensée, l'achat des sympathies et ses infâmes condescendances à l'égard de l'étranger, ce pouvoir, dis-je, porte inévitablement la mort dans ses entrailles, et ne pourra jamais répandre sur nous les sources de vie dont il doit être le dépositaire. Avec des hommes d'état de cette trempe, le génie de la France ne peut que sommeiller; les peuples asservis par les grandes puissances ne peuvent que gémir et se résigner. Que doit, en effet, attendre la Pologne d'une politique louche, tortueuse, rampante, qui n'a que des phrases à lui offrir, et qui s'incline honteusement devant toutes les tyrannies, après avoir divinisé, à son profit, le principe de l'insurrection ? Que doit espérer la Grèce qui voit tous les jours suspendues sur sa tête l'ambition immuable de la Russie et la rancune implacable de la Porte ? L'histoire de son héroïque délivrance atteste pourtant que les Hellènes sont toujours les enfants d'Athènes et de Lacédémone, et qu'ils sont dignes de la liberté.... Que doivent espérer TOUTES les puissances secondaires qui nous tendent les mains, et ne demandent qu'un signal pour se grouper et graviter autour de nous ? Que doit espérer l'Egypte, qui semble renaître à la vie des nations, et nous offrir, comme la Grèce, l'exemple d'un peuple régénéré par le tombeau ?.... Quelle solution enfin doit attendre cette immense question d'Orient tant de fois débattue, et condamnée à une incurable immobilité, tant que la France ne viendra pas l'éclairer et la résoudre ?... Oui, *cet état de choses* est fatal, intolérable, mortel. Au dehors, notre antique prépondérance est compromise, et finirait par être entièrement anéantie, si nous la laissions plus longtemps péricliter entre les mains d'hommes notoirement incapables ou traitres. La France en est réduite à reprendre le deuil de ses grands hommes, et à se consoler, à Dieppe, avec la statue de Duquesne, à Dunkerque, avec celle de Jean-Bart ; à

Paris, avec le cercueil de Napoléon! L'on dirait que ne pouvant se passer de gloire elle a besoin, dans ces jours de honte, d'en embrasser le fantôme !!. Au dedans, toutes nos libertés nous échappent; le sens moral s'évanouit et l'égoïsme flétrit les consciences. Nous ne vivons plus que d'anniversaires surannés, de commémorations hypocrites et de ridicules comédies! Le vaisseau de l'état ne marchait que par la force d'impulsion qu'il reçut en 1830; depuis longtemps cette impulsion est morte !... les voiles pendent en lambeaux, les mats sont véreux, la coque est pourrie, car le séjour de la honte et l'immobilité de la peur sont corrosifs et empoisonnés!... Les monarchies absolues se soutiennent par leur principe de droit divin, le despotisme qui ordonne, et l'ignorance qui obéit. La république se soutint par le fanatisme de la liberté. L'empire, par le prestige des conquêtes et de la gloire. La restauration elle-même se soutint par le double fanatisme des réactions politiques et religieuses, et serait peut-être encore debout, malgré le vice de son origine, si, en faisant revivre les prétentions proscrites de la noblesse et du clergé, elle n'eût rencontré, dans sa marche rétrograde, un des premiers épisodes de la révolution de 89. Mais, vienne une crise, un danger, une tempête, par quoi, je le demande, se soutiendra le pouvoir actuel? Quelle sera son ancre de salut? je le demande à ces hommes qui osent encore s'admirer dans leurs actes et se glorifier de leur habileté? Les principes, la bonne foi, la sollicitude, l'économie, l'ordre, la probité, le courage, l'honneur, toutes les vertus politiques d'une grande et forte nation sont exclues de nos cabinets; nos institutions sont faussées; le mensonge coule à pleins bords; la misère va frapper à toutes les portes, et la *prospérité générale* s'est réfugiée dans l'antre de l'agiotage, dans le gouffre du budjet et les discours du roi!...

La littérature, ce palladium sacré des mœurs nationales, est désertée par les grands maîtres et livrée aux entrepreneurs de romans qui la vendent à la toise. Eh, bien! n'importe; le public dégoûté, fatigué des réalités désespérantes qui l'entourent, se jette avidement sur cette abondante pâture de fantasmagoriques conceptions !... La famine dans les rues, la misère dans les foyers, le désespoir au fond des âmes... ; mais, en revanche, les saturnales débraillées du drame ou la stérile fécondité des vaudevilles au théâtre ; les complications incroyables et de mauvais goût dans les feuilletons, et les richesses dans la tête... Plus la détresse sera universelle, plus le succès et la fortune du romancier sont assurés.... jusqu'à ce qu'enfin le peuple, fatigué de manger du papier, s'avise d'avoir faim et de vouloir manger.... du pain de Buzançais !

L'administration est devenue un marché public, où les places, les honneurs, les dignités sont vendus à l'encan!... La concussion, la déprédation s'asseyent audacieusement et en plein jour, sur les fauteuils du ministère et sur les coffres de l'état! La France en sait assez, aujourd'hui, pour détourner la tête avec horreur, et appeler enfin sur tant de coupables la justice nationale et les flétrissures de l'opinion.... Eh! bien, ce n'est pas tout! Non, nous ne voyons que la surface, et nos regards ne tarderaient pas à plonger dans un gouffre d'iniquités, si les malheureux qui ont accepté le rôle de boucs émissaires de tant d'infamies, voulaient démasquer tous les visages, déchirer tous les voiles, porter le flot implacable de leurs révélations JUSQU'AUX CIMES LES PLUS INACCESSIBLES, et lancer la lumière au milieu des ténèbres qui dérobent tant de mystères et protégent tant de complices !.., Mais pourquoi ce silence, et que tardez-vous à PARLER? Est-ce par générosité, ou est-ce encore un *pacte* ?... Vous seriez généreux pour des misérables qui vous ont lâche-

ment sacrifiés à leur sûreté ?... vous auriez pactisé avec eux ! vous les auriez autorisés à vous jeter par dessus le bord, pour sauver leur cargaison de damnés ! ! ! Je suis coupable, avez-vous dit... mais vous deviez ajouter : « JE NE SUIS PAS LE SEUL. Je respi-
» rais une atmosphère empestée... J'ai subi les at-
» teintes d'une mortelle contagion... J'AI FAIT CE
» QU'ILS FONT TOUS, et les plus criminels NE SONT
» PAS CEUX QU'ON PENSE !... Et ce procès auquel
» PLUS D'UN GRAND PERSONNAGE assistait par le trou
» de la serrure, peut devenir, si je le veux, une
» source abondante et intarissable d'immenses
» étonnements, d'anathêmes universels, et de scan-
» dales inouïs ! » . . . . Vous n'avez pas voulu dire cela, et après avoir vainement lutté contre le torrent qui vous entraînait vers l'abîme, vous avez voulu envelopper vos secrets dans le manteau du suicide !.. Eh, bien ! quels que soient vos motifs, la France vous remercie d'avoir ainsi respecté sa pudeur ! . . . Oui, vous avez bien fait ; c'est assez de scandales ; nous ne voulons plus rien savoir ! Pour nous, le dégoût est à son comble et le mépris est profond ! . . . Pour EUX, la honte est ineffaçable, la réprobation universelle, la flétrissure indélébile, et il n'est pas de souillures qui puissent aujourd'hui les salir ! . . .

Leur histoire est écrite, leurs crimes publics sont une garantie de leurs crimes secrets, et leur arrêt est aussi prononcé! On sait ce qu'ils sont et ce qu'ils peuvent... Grâce à eux, nous savons jusques où peut atteindre l'effroyable cynisme de la perversité humaine! De nouvelles révélations nous désoleraient sans nous surprendre, et votre vengeance serait une calamité publique.... Encore une fois, Messieurs, la France vous remercie!....

Mais, je le dis hautement, ils ont manqué leur but, ceux qui ont cru trouver dans ces tardives poursuites leur justification et leur sûreté. Oui, ce procès, dont on a voulu faire un instrument de salut pour un ministère taré, est une dégoûtante parodie de la pudeur et de la vertu! Il n'est pas jusqu'à la sévérité systématique et préméditée de l'accusation elle-même, qui n'ait trahi le secret de cette grotesque comédie.... Eh, quoi! pas un seul mot d'indulgence, pour ces hommes qui ne sont pas plus coupables QUE TANT D'AUTRES!! Pas une généreuse pensée, pas une pudique émotion, pas même un regret simulé pour le naufrage lamentable de ces puissances déchues!! Non, non; cette indignation n'est pas sincère, cette colère est affectée. Ce cruel et impitoyable réquisitoire a emprunté son éloquence à l'égoïsme et à la peur !.. Mais l'estime et la confiance publiques sont, comme l'honneur, des rochers escarpés, sur lesquels ne remontent jamais ceux qui en sont descendus !....

Ah ! ne dites donc plus que la restauration fut une halte dans la boue ! car pour rendre justice à tous, il faudrait reconnaître que vous avez depuis longtemps fait une halte.... je vous défie de pouvoir dire dans quoi !...

Non, telle ne fut pas la restauration ; soyons justes pour elle comme pour vous. Disons qu'elle fut simplement une halte *sur le terrain*... Oui, ce fut un duel impie entre la France et la royauté, un intermittent défi, audacieusement jeté à la nation qui releva le gant, et triompha... Mais, si la restauration fut hostile au dedans, elle fut digne, fière, puissante au dehors ; et, pour dire toute ma pensée, Louis XVIII et Charles X, esclaves des traditions d'un autre âge, dominés, violentés par le parti nobiliaire et la faction jésuite, furent *personnellement* excusables, car ils étaient, après tout, *les frères de Louis XVI !*

Mais qui n'est pas excusable, ce sont ces hommes qui flairent les révolutions, comme les requins suivent les vaisseaux; ce sont ces hommes qui bien loin de pouvoir invoquer pour leur justification les influences d'une éducation féodale, la religion des souvenirs, ou les désastreux conseils d'un entourage fanatique, se glorifient de leur origine révolutionnaire, s'élèvent au-dessus de toutes les douleurs, méprisent les saintes émotions de la mémoire, et soufflent tous les rôles derrière les coulisses !....

. . . .

Il est aujourd'hui une vérité incontestable et universellement admise : c'est que nous avons été trompés; c'est que nous subissons un despotisme déguisé... Il s'agit de savoir si la France qui ne veut être ni asservie, ni trompée, ni exploitée, ni volée, peut trouver un moyen *pacifique* et *décisif* de reprendre sa légitime souveraineté, pour marcher sans entraves à la conquête des réformes politiques et sociales qui sont devenues pour elle un besoin impépérieux, une condition rigoureuse d'existence et de prospérité...

Ce moyen, il existe. Il est aussi simple, aussi inoffensif pour la France, qu'il est mortel pour ceux qui la trahissent....

Qu'est-ce que le gouvernement français ?

Un roi, deux chambres, quelques ministres.

Qu'est-ce que la nation française?

Trente-six millions d'hommes *libres*, *généreux*, *intelligents*.

Eh, bien! personne ne me fera jamais croire que trente-six millions d'hommes éclairés ne puissent pas avoir raison d'une poignée de despotes, même en se croisant les bras, et leur riant au nez.

Et remarquez bien ceci, messieurs les grands prêtres *des divinités tutélaires de septembre;* je ne viens pas mettre en discussion *la forme* de VOTRE gouvernement. Cette *forme, je la respecte, je l'admets, je la veux.* Remarquez encore que je déteste la guerre civile, que je proscris l'anarchie, et que je suis, comme vous, un effréné partisan de l'ordre et du repos public. Je viens seulement répéter à mes compatriotes ce que de plus puissantes voix que la mienne leur ont déjà dit. Je viens, à mon tour, leur donner un conseil que vos lois *n'ont pas encore songé à condamner*. (J'espère que cela viendra!) Ce conseil se résume en trois mots qui devraient tapisser tous les murs, éclairer toutes les cités et courir toutes les rues.

REFUS DE L'IMPOT.

Oui. Au lieu de leur envoyer des balles, cessons de leur envoyer de l'argent, et le grand ressort casse sans qu'on y songe; et avant quinze jours, on nous offrira plus de réformes que nous n'en voudrons.

Comment! il y a des débiteurs qui se font exproprier pour payer ce qu'ils doivent; et nous, pauvres et impardonnables dupes que nous sommes, nous ne faisons pas la moindre difficulté pour payer ce que nous ne devons pas!

Je dis : ce que nous ne devons pas — pour deux raisons capitales.

La première, c'est que ceux qui ont voté ou fait voter l'impôt, doivent *seuls* le payer, et que ceux qui n'ont nullement concouru, soit au vote, soit aux élections, ne doivent rien à des hommes qui ne les jugent bons qu'à payer.

La seconde, c'est que la modeste somme de dix-sept cents millions, au paiement de laquelle nous sommes condamnés par défaut, sans droit d'opposition, n'a pas la destination qu'elle devrait avoir.

Avons-nous tort de prêcher cette espèce de croisade négative contre un pouvoir négatif? Avons-nous tort de demander des réformes politiques et sociales? Avons-nous tort de vouloir forcer des hommes qui ne sont ni nos maîtres, ni même nos mandataires à nous livrer les droits qui nous sont garantis par la charte et les améliorations que nécessite le développement de l'esprit public et les modifications successives de nos mœurs ? Avons-nous tort ? Jetons un rapide coup-d'œil sur les principales institutions qui nous régissent, et voyons si, comme nous le disions plus haut, elles ne doivent pas être toutes, ou rétablies dans leur but primitif, ou modifiées, ou changées, ou complètement abolies.

DE LA RÉFORME ÉLECTORALE

Dans ses rapports avec le principe héréditaire.

Qu'est-ce que le tiers état? RIEN.
Que doit-il être?..... TOUT.

(L'abbé Sièyes.)

Plus le principe d'un gouvernement est en vigueur, plus ce gouvernement est stable. Plus ce principe s'altère et se CORROMPT, plus le gouvernement incline à SA DESTRUCTION.

(Montesquieu.)

Je n'ai certes pas la prétention d'apporter de nouvelles lumières à des questions vitales déjà traitées sous presques toutes leurs faces par les orateurs éminents qui honorent la tribune française ; je viens seulement les réunir toutes en faisceau pour faire saisir d'un coup d'œil l'*ensemble* des besoins actuels de la France, et les espérances que nous devons fonder sur des hommes qui répondent à nos vœux les plus légitimes par des refus coupables et prémédités.

Avons-nous, **OUI** ou **NON**, une représentation **NATIONALE**?

Evitons les sophismes, et tâchons de ne pas nous payer de mots.

Posons des principes.

Toute nation qui se respecte, qui a le sentiment de sa dignité, ne doit ni conserver ni adopter un gouvernement absolu. L'homme est né libre; sa liberté lui appartient comme sa vie. Celui qui attente à l'une ou à l'autre, commet un crime; et celui qui absorbe en lui la liberté d'un peuple entier, commet un attentat que toutes les langues sont impuissantes à qualifier.

Un homme peut exercer sur un peuple ignorant et primitif une tutelle paternelle. Mais le despotisme est, dans tous les cas, un monstrueux abus.

Il est pourtant des limites, des restrictions que la nature elle-même apporte à la liberté des peuples, comme à celle des individus. La liberté de l'homme n'est pas le pouvoir de se livrer à tous les excès. Ce pouvoir est subversif. L'homme de bien le déteste, et le combat de toute son énergie. La loi naturelle, ou pour mieux dire, la conscience le condamne le réprouve, le flétrit.

La liberté des peuples n'est pas le pouvoir illimité de renverser et de détruire. Tout peuple à qui les charlatans prodiguent ce pouvoir est un peuple de *dupes*, et sera toujours un peuple d'*esclaves*.

Il y a *des lois immuables* qui régissent les mondes, et qui, loin de les empêcher de se développer *librement* dans leur majestueuse carrière, favorisent leurs mouvements, et sont les conditions essentielles de leurs progrès et de leur durée.

Supposez le monde planétaire privé de l'admirable et universelle loi d'*attraction*, découverte par Newton; supposez tous ces astres lancés au hasard dans l'espace et livrés à une *vagabonde liberté*, ou même aux *caprices* de leur *intelligence individuelle*... vous aboutirez *forcément* au chaos, au désordre, au néant.

Supposez l'homme privé de sa loi naturelle, de sa conscience; vous supprimez le *corps social*.

Mais quoi! l'homme a sa loi particulière, *invariable;* les astres ont leurs lois universelles, *immuables*;

les nations seules seraient déshéritées de ce bienfait ? elles n'auraient pas *leur loi*, *leur principe*, d'après lesquels elles pussent se développer, loin des tempêtes, dans toutes les conditions de leur majesté, de leur puissance, de leur grandeur, de leur liberté ? elles auraient pour elles ce qui n'existe *nulle part : une souveraineté absolue ?* elles renversent les tyrans, elles se feraient despotes ?... Cela est contradictoire ; et sous un vain prétexte de liberté, cela est destructif de tout ordre et de toute liberté.

Ce serait du despotisme sur une vaste échelle, et ce despotisme aboutirait aux deux résultats suivants :

Ou l'anarchie permanente ;

Ou l'esclavage.

L'anarchie ; parce qu'il est impossible que plusieurs millions d'hommes puissent avoir une même volonté, un même but, une même pensée de destruction et de reconstruction. Dès lors, antagonisme, lutte, combats.

L'esclavage ; car les plus faibles seraient vaincus, et les vaincus sont toujours des opprimés.

Supposez l'égalité de force, vous rentrez dans l'anarchie. C'est un cercle vicieux.

Les conséquences de ce principe, ou plutôt de cette absence de principes, sont immenses. On pourrait les étendre à l'infini. Mais la première qui se présente à la pensée, est celle-ci :

Le droit accordé à un peuple, de renverser *ses lois constitutionnelles*, *fondamentales*, **QUAND BON LUI SEMBLE**, exclut formellement le droit de l'en empêcher. La force armée qui vient foudroyer une émeute est alors un instrument de sacrilége. Le pouvoir qui est en opposition d'intérêts et de volonté avec la nation, qui étouffe sa voix et refuse de satisfaire à ses besoins, même à ses exigences, commet un crime de lèse-nation. Ce pouvoir est traître à la patrie. Car je le répète : il ne faut pas se payer de mots ; la nation est *souveraine absolue*, ou elle ne l'est pas.

Si elle l'est, Louis-Philippe peut être renversé ce soir, sans qu'il ait le droit ni de se plaindre ni de se défendre.

Mais je suis convaincu qu'il n'entend pas ainsi la souveraineté nationale.

Ses ministres non plus.

Leur majorité non plus.

Les fonctionnaires non plus.

Moi non plus.

Nous voila donc tous d'accord sur les principes, ou du moins sur celui-ci :

Les sociétés ne doivent pas plus être assujetties au despotisme des peuples qu'au despotisme des rois.

Elles veulent des garanties. Elles veulent tourner autour d'un principe, comme la terre autour du soleil. Elles veulent, *aujourd'hui plus que jamais*, l'ordre, la lumière, la logique, le droit, la liberté. Elles repoussent l'anarchie, les ténèbres, l'erreur, la tyrannie.

Il faut donc qu'il y ait des *principes préexistants* aux caprices des volontés. Que ces principes soient *la vertu*(*) des gouvernements et *le lien* des sociétés. Que ces principes établissent entre les peuples et les gouvernants une *dette solidaire*, un *contrat bilatéral* qui détermine leurs droits et leurs devoirs respectifs, sans entraver les progrès des institutions ni le développement des libertés.

Les diverses formes de gouvernement ne sont pas, comme on pourrait le supposer, le résultat unique du choix ou du hasard. Le caractère, les mœurs, le

(*) *Vis*, force.

culte, les usages, le climat lui-même, l'étendue du territoire, sont en général, les causes déterminantes de ces divers systèmes que la tradition fortifie et que la chute des siècles implante profondément dans le sol.

Il n'y a guère aujourd'hui que trois sortes de gouvernement :

Despotique, ou absolu;

Républicain, ou purement représentatif;

Monarchique, tempéré de représentatif.

Les peuples ignorants et indéfiniment abrutis subissent le premier. L'humanité entière devrait se soulever pour faire cesser le scandale de ces gouvernements.

Les états naissants, peu étendus, mais généreux, éclairés affectent le second.

Les grands peuples, les nations supérieures, qui veulent combiner l'ordre, l'harmonie avec la liberté, empruntent au troisième les éléments de leur grandeur, de leur puissance et de leurs progrès.

Ainsi, la France et l'Angleterre.

Monarchie héréditaire. — *Ordre immuable.*

Chambre des représentants. — *Volonté nationale.*

Quant à la chambre des Pairs, j'avoue humblement mon impuissance à comprendre son utilité.

Si je la juge par son origine, je ne puis voir en elle qu'une émanation de la royauté. Un pair, nommé par le roi, n'est évidemment autre chose qu'une *créature* du roi. Cela est vrai surtout, depuis que la loi du 29 décembre 1831, en détruisant l'hérédité de la pairie, a enlevé à la chambre des pairs son seul prestige et la plus sûre garantie de son indépendance.

Voulez-vous supposer dans cette chambre une opposition en majorité? L'article 23 de la charte détruit cette hypothèse. Car le nombre des pairs est *illimité*; il peut être augmenté en toute occurrence, et la ressource des *fournées*, en fesant pencher la balance toujours du même côté, vient donner un démenti à ce qu'on appelle :

L'équilibre des trois pouvoirs. Toujours des mots dont on se paye aveuglément, et dont je voudrais qu'on ne se payât pas.

Si je la juge par ses actes passés, j'acquiers la certitude qu'elle est, dans le mouvement gouvernemental, un véritable instrument de despotisme, un obstacle vivant et intéressé à la manifestation ou à l'exécution de la volonté nationale. La chambre des pairs me paraît, en un mot, être l'expression déguisée des méfiances du trône contre la loyauté de la nation, et de l'antagonisme des intérêts aristocratiques avec les intérêts généraux. Elle n'est pas seulement inutile en théorie de mouvement; elle paralyse, elle arrête, elle brise l'essor.

Je m'explique par un exemple.

La nation, dans un grand but d'intérêt personnel, domestique et agricole, demande le dégrèvement de l'impôt du sel.

Ses représentants proclament ce dégrèvement. La France, personnifiée dans la représentation nationale, a donc parlé. Elle a manifesté un besoin incontestable et ses législateurs, y ont satisfait.

La chambre aristocratique (intéressée, par parenthèse, au maintien du monopole) est appelée, à son tour, à se prononcer sur la question. Sa réponse n'est pas douteuse. Elle déclare que la France n'a pas besoin du dégrèvement.

La France a dit : Oui.

Le privilége a dit : Non.

Qui l'emportera? est-ce la nation qui paie l'impôt du sel?

Est-ce la nation qui souffre et se plaint du taux excessif de l'impôt du sel?

Est-ce enfin la nation qui a solennellement déclaré qu'elle *voulait* la réduction de l'impôt du sel?

Non. C'est le privilége qui profite de l'impôt et qui a d'immenses richesses pour le monopoliser ou le payer avec les miettes de ses festins !.... Il n'y a même pas doute; il n'y a pas suspension. Ce n'est pas un vote; c'est un véto absolu. La faiblesse, la décrépitude écrasent la force, la vitalité. La minime partie l'emporte sur le tout; l'aristocratie, enfin, domine, écrase, asservit la nation.

Et voilà l'équilibre des trois pouvoirs.

Je l'appelle, moi, la domination d'*un seul* pouvoir; c'est la tyrannie de Louis XI, le despotisme de Richelieu, ou l'oligarchie de Venise, impudemment appliquée à un peuple qui veut être libre.

Telle est la *haute chambre*. Et sauf meilleur avis émané d'hommes entièrement désintéressés dans la question, je persiste dans cette appréciation de son principe et de son but. (*)

(*) D'après la théorie représentative que je développe, il est facile de comprendre que je n'entends pas attaquer ici l'autorité constitutionnelle. Cette autorité, je la respecte au contraire, puisque je la veux entière, sincère et à l'abri de toute atteinte directe ou indirecte.

J'entends bien moins encore offenser qui que ce soit. Le seul but que je veuille atteindre c'est celui de combattre les altérations déguisées de nos institutions et de les ramener à leur pureté primitive.

Si donc, l'on juge de la suprématie relative des gouvernements, par la grandeur, la puissance, la lumière et la supériorité morale de leurs nations respectives, l'on voit que le système monarchique représentatif, non pas tel qu'il peut être ou avoir été, mais tel qu'il doit être, est le plus rationnel et le plus harmonique avec l'ordre et la liberté. C'est la libre et souveraine manifestation de la volonté, ou plutôt des besoins et des intérêts nationaux se développant autour d'un pivot fixe. Mais il faut qu'il y ait dans ces deux forces parallélisme, égalité. Si la force du pouvoir est supérieure à celle de la nation, cette dernière est absorbée et tombe dans le despotisme : *vice versâ*, c'est l'anarchie.

Là, et là seulement, est le nœud de la question. On ne saurait trop le répéter : *immutabilité* dans le *principe* ; mais vigilance incessante contre l'*abus* du principe. *Libre* manifestation des besoins nationaux ; satisfaction absolue et sans réserve à tous ces besoins, à tous ces intérêts.

Mais si le principe légitime dégénère en oppression ? Si le pouvoir exécutif absorbe le pouvoir législatif ? si la représentation est faussée, dénaturée par la corruption ou l'*abus des influences* ? Si la couronne enfin, ramifiée dans un ministère prévaricateur et dans une majorité vénale, brise elle-même le contrat et viole ses engagements ?.... N'est-ce pas le signal du combat, de l'anarchie, de l'exil ?... La force ne doit-elle pas rétablir le droit ?..,

Non. Le crime d'un homme ou de quelques hommes ne peut pas détruire l'immutabilité d'un principe qui est la garantie de tous. Mais celui qui verse son sang pour rétablir ce principe, joint à l'oppression un châtiment gratuit et immérité. Celui-là est dupe au premier chef. Mourir, ce n'est pas se venger. La mort n'est pas la délivrance. Ne chargez plus vos fusils; c'est le seul moyen d'enlever au despotisme le prétexte de charger ses canons. La force a toujours compromis le droit. **LE DROIT NE PEUT ÊTRE RÉTABLI QUE PAR LE DROIT.**

Pour saisir cet axiôme et en comprendre la réalisation, il suffit de jeter un coup d'œil sur l'engrenure gouvernementale.

A la rigueur, un peuple pourrait se passer de gouvernement. Il vivrait dans le désordre, dans l'ignorance. Il ne serait plus *peuple* ; il serait horde de sauvages ou de barbares... Mais enfin il vivrait ; car ses ressources matérielles sont en lui. Le pillage, le vol, la rapine, ou une propriété bien ou mal constituée subviendraient à ses besoins; et l'on serait volontiers porté à croire que toutes les sociétés ont commencé par là.

Tournez l'hypothèse. Un gouvernement peut-il se passer du peuple?

Je crois qu'il suffit de poser cette question pour effrayer tous les gouvernements de l'univers! car leurs ressources *ne sont pas en eux*; elles sont uniquement et exclusivement dans le peuple.

Dans le peuple qui fournit l'impôt.

Dans le peuple qui fournit l'armée.

Il n'y a pas à réfléchir, à méditer, à discuter, à chicaner... sans nous, pas de gouvernement. Nous sommes ses racines. Si nous nous retirons de lui, il meurt. Le mot est vrai au propre comme au figuré. Nous lui fournissons la sève abondante qui lui est nécessaire pour féconder les mille branches de l'administration. Mais nous ne le payons pas pour appeler à lui toutes les plantes grimpantes, dévorantes et absorbantes. Nous le payons pour porter des fruits, mais non pour se charger d'insectes. Nous le payons enfin pour lui et pour nous.... c'est assez dire que s'il a une trop merveilleuse puissance de digestion, s'il est insatiable et s'il veut être assouvi, nous devons lui rappeler *qu'il a besoin de nous*, *et que nous pouvons nous passer de lui.*

Retirons-lui notre sève, il périra de consomption, et les racines seront libres de pousser de nouveaux jets.

Retirons-lui notre sève, et plantes parasites, insectes affamés tomberont en masse, bien mieux qu'en leur livrant bataille du pied jusqu'au sommet.

Refus d'impôt, et tout est dit. Mais une nation ne pourra-t-elle pas arbitrairement et à chaque instant refuser ainsi son concours à un gouvernement probe, utile et bien intentionné?

Non, elle ne le fera pas. Une nation éclairée possède trop le sentiment de la justice, et comprend trop bien ses intérêts pour se précipiter dans la voie d'une résistance aveugle et illicite. Ce serait sacrifier la sûreté de son bien être au hasard de stériles recherches, et l'on peut affirmer que dans tous les conflits qui s'élèvent entre les peuples et les gouvernements, ce sont ces derniers qui ont TOUJOURS les premiers torts.

Ainsi, pas de violence; et l'on ne trouvera plus le prétexte de votre extermination et de votre asservissement dans cette maxime décrépite de la tyrannie : *il faut que* FORCE *reste à la loi* !...

Pas d'impôts, et l'armée qui n'est que la force brutale de la loi, l'armée *non soldée* se licenciera elle-même, et grossira vos rangs.

Pas d'impôts, et toutes les fonctions publiques sont paralysées, et l'*agent moteur* cesse de circuler, et la machine s'arrête, et le gouvernement capitule et demande merci.

Il faut donc qu'il y ait égalité de forces, *équilibre* parfait (c'est ici le mot), entre l'action nationale et l'action du gouvernement. C'est la force centrifuge balancée par la force contraire. Si l'une l'emporte sur l'autre, il y a aberration indéfinie ou anarchie, absortion indéfinie ou despotisme. Ces deux forces sont dans les états :

Le principe héréditaire ;

La représentation nationale.

Mais si l'on ne doit pas admettre que la volonté nationale puisse devenir despotique en altérant, modifiant, ou détruisant arbitrairement l'une des deux colonnes de l'édifice, on doit vouloir encore moins qu'elle ait, comme Samson, le pouvoir de se suicider en les renversant toutes les deux.

Nous devons donc protéger, surveiller, avec la même sollicitude, la *pureté*, la *sincérité*, *l'intégrité* de la représentation nationale. Nous devons la posséder tout entière, et ne pas nous contenter de son *ombre* ou de son *fantôme*. Dès lors revient cette question posée plus haut :

Avons-nous, OUI *ou* NON, *une représentation* NATIONALE ?

Pour bien résoudre la question, tâchons de la comprendre. Evitons les discussions oiseuses, et par dessus tout, soyons de bonne foi.

Une courte analyse nous suffira pour établir que nous avons *le mot*, mais que nous n'avons pas *la chose*.

Qu'est-ce que la représentation nationale ? c'est évidemment le corps des *représentants* D'UNE NATION.

Cela ne suffit pas.

Qu'est-ce que la *n ation* ?

C'est l'*ensemble* des habitants d'un même pays, d'un même état, d'une même patrie, parlant le même langage, et vivant sous les mêmes lois.

Cè n'est pas tout. Cet ensemble lui-même peut être diversement apprécié selon les diverses institutions qui peuvent le régir. Ne nous livrons pas à d'inutiles excursions; parlons de la France.

La NATION FRANÇAISE consiste-t-elle aujourd'hui dans l'*ensemble* de tous ses membres, ou dans quelqu'une de ses *fractions* !

Il fut un temps où l'immense majorité des Français n'était autre chose qu'une *gent taillable et corvéable à merci*!.... Les lois de 1790, 92, 93 ont passé leur niveau sur ces scandaleuses prétentions de la noblesse, du clergé, et de *toutes* les aristocraties passées, présentes ou futures. Les lois destructives de toutes ces verrues féodales sont résumées dans ces mots qui figurent en tête des deux chartes de 1814 et 1830 : *Tous les Français sont égaux devant la loi, quels que soient d'ailleurs leurs titres et leurs rangs.*

Voilà la nation. Maintenant je la reconnais; et si nous voulons savoir ce que c'est que la *représentation nationale*, nous voyons que c'est la représentation de *tous* les membres de la nation, qui, *tous*, sont égaux devant la loi.

Mais quelle loi? il y a plusieurs sortes de lois; et c'est ici que recommence le piége déguisé, tendu par la fourberie des uns à la bonne foi des autres.

Toujours des mots vagues, indéterminés, avec lesquels on paye de grandes dettes. Ce sont les breloques, les brinborions et les clochettes que les soldats de Cortès offraient aux naïfs américains, en retour des richesses dont ils chargeaient leurs vaisseaux.

Ainsi : *la censure est abolie*. Cela figure très sérieusement dans l'article 7 de la charte coustitutionnelle.

La conscription est abolie ! Ce bienfait s'étale majestueusement dans l'art. 11.

Toute loi doit être discutée et votée *librement*... Ce pudique précepte brille de tout l'éclat de la vertu dans l'art. 16.

Et tant d'autres !

En vérité, il faut en convenir ; le peuple le plus spirituel de la terre est bien quelquefois le peuple le plus bête et le plus bâté qui existe.

Tous les Français sont égaux devant la loi.....

Est-ce devant la loi civile ? Ce serait une dérision. Car cette loi était déjà constituée, développée dans le code civil, et applicable à tous les Français. Cela résulte, clair comme le jour, de l'art. 8 du code susdit :

Art. 8. *Tout français jouira des droits civils.*

Il ne peut donc être question de la loi civile dans un titre ainsi conçu : Droit PUBLIC des Français.

Est-ce la loi criminelle ? Pas davantage. On ne peut pas supposer qu'une *charte nationale* ait voulu garantir à tous les citoyens le droit d'aller au bagne ou de marcher à l'échafaud.

Mais, de grâce, quelle est donc cette loi devant laquelle il est dit que tous les Français sont égaux ? Il ne nous reste guère que la loi politique; à moins que ce ne soit la loi de l'alcoran !...

Poursuivons et passons à l'art. 2 de la charte.

Art. 2. « Ils *contribuent* indistinctement, dans » la proportion de leur fortune, aux charges de » l'état. »

Dès ce moment, il est évident pour moi qu'il ne s'agit ici que de loi politique. Car la charte qui a bien voulu *me garantir* dans l'art. 2, *le droit* de payer les impôts, ne peut évidemment parler dans l'art. 1er que de la loi politique devant laquelle nous devons être égaux, *quant aux droits*, puisqu'elle nous proclame égaux quant aux *charges* et aux *devoirs*.

Si l'on me dit qu'il s'agit en effet de *droits politiques,* mais *sauf les conditions* attachées à l'exercice de ces droits, je répondrai que je ne reconnais en cette matière, d'autres conditions que celle d'être

Français, et celles dont l'accomplissement dépend entièrement de moi, c'est-à-dire, de ma capacité *morale* et *intellectuelle*. Hors de là, il y a despotisme, privilége, monopole, abus. Si vous m'imposez des conditions prises *hors de moi* et soumises aux éventualités de la fortune, votre égalité n'est qu'un vain mot, un piége, un mensonge. Ce mot ne me suffit pas; ce piége, je n'y tombe pas; ce mensonge, je ne l'accepte pas. Ignorez-vous que les droits politiques sont la plus noble prérogative des nations libres? que *plus un peuple est esclave*, *plus il en est privé ?*.... N'accorder le droit de vote qu'à la fortune, c'est retomber en plein dans la féodalité. Ce droit dès-lors n'est plus un droit; c'est une *récompense* créée pour ceux qui vous paient d'avantage; c'est *une prime* accordée aux écus, au coffre-fort. Dire enfin aux Français : Vous êtes tous égaux ; vous êtes électeurs, vous serez éligibles..... *Seulement*, il faut que vous soyez riches.... C'est absolument comme si les seigneurs d'autrefois eussent dit : Tous les Français sont égaux devant nous... *excepté les roturiers.*

En n, et pour tacher de découvrir la pensée législative, en fouillant toutes les hypothèses, a-t-on voulu dire par ces mots : égaux devant la loi.... que les Français sont égaux devant *toutes les lois.*

Mais je demanderai encore : égaux comment, en quoi, sur quoi et pourquoi ?

Cette égalité proclamée par la *constitution* doit, je le reconnais, s'appliquer aux charges, aux devoirs et à la répression *égalitaire* qui frappe les crimes et les délits. Mais je ne crains pas de dire que le législateur a voulu plus spécialement désigner les droits et les avantages attachés à la qualité de Français. Eh bien! donc, en quoi consiste cette *égalité* de droits et d'*avantages*? Je sais que nous sommes égaux devant la loi du recrutement qui nous accorde le droit d'aller recevoir une balle ou un boulet, et de laisser un bras ou une jambe sur le champ de bataille.

Je sais que nous sommes égaux devant la loi des contributions, qui nous permet (et au besoin nous force) d'aller verser chez un percepteur le plus liquide de nos revenus.

Je sais que nous sommes égaux devant toutes les lois répressives qui nous ouvrent à tous indistinctement, les portes des prisons.— Oui, nous sommes *tous* bons à donner à l'état notre argent, notre sang et notre liberté !...

Mais nos droits, nos avantages, je ne dirai pas gratuits, mais légitimes, mais dûs et chèrement achetés... où sont-ils ? Comment ! les charges sont universelles... et les droits seraient le partage de quelques privilégiés ? Plus les fortunes sont médiocres, c'est-à-dire, plus les charges sont lourdes, et plus les droits qui en dérivent sont nuls ? Nous ne sommes donc pas *égaux* ?... Nous sommes donc partagés en vilains et en grands seigneurs ? C'est donc la noblesse d'argent qui a remplacé la noblesse de parchemin ? et l'article premier de la charte est une dérisoire utopie ?

Cela ne peut pas être, et cela ne sera pas. La loi qui donne à la fortune la suprématie sur l'intelligence est une loi immorale, qui se condamne elle-même et que l'opinion publique a déjà universellement flétrie. Il n'y a et ne peut plus y avoir désormais d'autre aristocratie que celle du talent. Qu'on lui fasse, du moins, la grâce de le mettre au niveau de la bêtise enrichie. La conscience de tout bon citoyen doit se révolter à l'idée qu'un spéculateur, un agioteur, quelquefois même un escroc soient les seuls dépositaires de l'honneur, de la gloire et de la prospérité de la patrie.

Ainsi, devant la justice, devant le bon sens, devant la logique, devant la liberté qui nous a tant coûté à conquérir, nous sommes tous égaux quels que soient nos titres et nos rangs, j'ajoute : quelle que soit notre fortune. Car nous n'avons pas renversé l'aristocratie nobiliaire pour tomber dans l'aristocratie de l'argent.

Il ne s'agit donc plus que de savoir s'il y a aujourd'hui un seul Français qui puisse être *dégradé* de sa qualité de Français, ou des droits *civiques* qui sont l'apanage de cette qualité.

Oui, il y en a. Lisons le code pénal.

Art. 8. Les peines *infamantes* sont :

1° Le bannissement ;

2° LA DÉGRADATION CIVIQUE.

En quoi consiste la dégradation civique ?

Art. 34. Elle consiste :

1° . . . .

2° *Dans la privation du droit de vote, d'élection d'éligibilité, et en général de tous les droits* CIVIQUES *et* POLITIQUES.....

3°....... 4°......., etc.

Contre qui est prononcée cette énorme et *infâmante* peine ?

Lisons toujours.

Art. 167. Toute *forfaiture* est punie de la *dégradation civique.*

(La forfaiture est tout simplement le crime commis par un fonctionnaire public dans l'exercice de ses fonctions.)

Art. 263. Quiconque aura frappé le ministre d'un culte *dans ses fonctions* sera puni de la *dégradation civique*.

Art. 366. Celui à qui le serment aura été déféré en matière civile, et qui aura fait un *faux serment*, sera puni de la *dégradation civique.*

Art. 177. Tout fonctionnaire public de l'ordre administratif ou judicaire, tout agent ou préposé d'une administration publique, qui aura agréé des offres ou promesses, ou reçu des dons ou présents pour faire un acte de sa fonction ou de son emploi, même juste, mais non sujet à salaire, sera puni de **LA DÉGRADATION CIVIQUE**, etc.

Voilà quatre crimes plus ou moins graves, contre lesquels la dégradation civique est prononcée comme peine principale.

Il est d'autres cas où elle est l'accessoire rigoureux, le corollaire inévitable d'une autre condamnation.

Art. 28. La condamnation à la peine *des travaux forcés* à temps, de la *détention*, de la *réclusion* ou du *bannissement*, emportera la *dégradation civique*...

Nous ne pousserons pas plus loin ces funèbres

investigations. Mais leurs conséquences sont déjà saisies. Tout homme qui ne fait pas chaque année un cadeau minimum de 200 fr. à l'état trouve son code électoral, dans le code des concussionnaires, des parjures, des empoisonneurs et des assassins !...

Ceci n'est pas une exagération. C'est l'exacte vérité. L'honnête homme qui n'est pas électeur, *subit la dégradation civique* qui frappe l'habitant des bagnes ou le réclusionnaire. La seule différence qu'il y ait entre eux, quant à cette peine, voulez-vous la savoir? C'est que le *forçat libéré* peut, d'après les articles 619 et 633 du code d'instruction criminelle, être relevé de son incapacité par les lettres de réhabilitation, tandis que le citoyen vertueux, éclairé, pur, animé du bien de son pays, s'il paie 199 fr. d'impôts, au lieu d'en payer 200, est frappé d'une interdiction indéfinie!... Il est en quelque sorte puni de *mort civique*.

Voilà la haute moralité de la loi électorale!

Coïncidence étrange! c'est l'article 34 de la charte qui pose les conditions attachées à l'exercice du droit de vote, et c'est l'art. 34 du code pénal qui appelle *dégradation civique* la privation du droit de vote! Les rédacteurs de 1830 n'ont pas été heureux. L'article qui pose la loi correspond exactement avec l'article qui la flétrit. Il était impossible d'être plus mal inspiré.

Voyons quelle est la sincérité, la réalité de la représentation que cette loi enfante.

Il est désormais constant que la *nation* française n'étant, et ne pouvant être que l'ensemble de *tous* les Français, *égaux* devant la loi, ou si l'on veut, devant toutes les lois, la représentation *nationale* n'est et ne peut être que le corps des représentants de cette *nation*, c'est-à-dire, de *tous* les Français qui la constituent.

Pour la troisième fois, avons-nous, *oui* ou *non*, cette *représentation nationale ?*

Non, non, non, mille fois non. Nous avons une assemblée de *notables*. Il n'est que trop facile de le démontrer.

Tout homme qui n'a pas concouru *directement* ou *indirectement* à la formation du corps des représentants, n'est représenté ni *directement* ni *indirectement*. Celui-là n'a pas de mandataire, qui n'a donné aucun mandat. Ses obligations résultant d'un mandat imaginaire sont donc radicalement nulles. Ce ne sont pas là des principes de droit civil; ce sont des axiômes de la raison et du bon sens qui n'ont pas besoin de législateur. C'est du droit naturel, de la justice innée que Cicéron caractérisait par ces mots : *Non alia Romæ ; non alia Athenis.*

Celui qui n'est pas électeur est-il représenté même indirectement ? Sans doute la loi le suppose ; mais lorsqu'on subit des charges *réelles*, peut-on se contenter de droits *hypothétiques* ?

Je comprendrais la *souveraineté nationale*, si chaque membre d'une nation, ayant droit à une part de souveraineté, la déléguait *librement* et *réellement* pour être exercée en son nom, soit à un roi, soit à un président, soit à un député, soit à un électeur.

Je comprendrais la *représentation nationale*, si chaque membre du corps législatif, chargé des suffrages directs ou indirects de *tous* les ayant droit, et représentant en effet ceux qui l'ont nommé, ou qui du moins ont concouru à l'élection, si chaque membre, dis-je, pouvait ainsi s'appliquer justement ce mot de Louis XIV : *L'état, c'est moi.* Mais je ne puis comprendre *la souveraineté* de 36,000,000 d'hommes exercée despotiquement, sans ordre ni mandat, par 200,000 individus ; partant, je ne puis comprendre une représentation enfantée par cet audacieux monopole.

Tranchons le mot : le système représentatif actuel est le despotisme legal de 200,000 privilégiés, substitué au despotisme des monarchies absolues.

Rendez-moi la monarchie absolue.

Je préfère un despotisme de bon aloi à un despotisme masqué. Je préfère porter des chaînes de fer qu'être empétré dans des toiles d'araignée. Traitez le peuple en lion. La grille et le cadenas... voilà qui est digne de lui. Il pourra du moins se donner le passe-temps de vous voir, à travers ses barreaux, épouvantés, horripilés, parfois, de ses rugissements. Mais le comble de la honte pour lui, et de l'impudeur pour vous, c'est de le mener en laisse avec un ruban bariolé; c'est de le faire sourire et très souvent déjeûner avec les mots dont il demande la chose : souveraineté nationale, droit au travail et liberté.

Comment ! 200,000 électeurs pour 36,000,000 d'habitants? Fesons la proportion, et que tout le monde puisse bien la saisir.

Si nous n'étions qu'un million de français, ces 200,000 électeurs seraient le cinquième de la population. Pour trouver l'exacte proportion de 200,000 à 36,000,000, il faut donc multiplier 36 par 5

$$\begin{array}{r} 36 \\ 5 \\ \hline 180 \end{array}$$

Le chiffre actuel des électeurs est donc la cent quatre-vingtième partie de la population française ! C'est un calcul à peu près semblable qui a fait dire à Monsieur de Cormenin que chaque membre du corps électoral est le *mandataire légal* de 175 habitants qui ne votent pas.

Cette expression est entièrement inexacte. L'électeur peut être tout au plus le mandataire *supposé*.... de ceux qui ne sont pas électeurs ! mais il n'en est pas le mandataire *légal*. S'il en était ainsi, les 175 non votants auraient le *droit* de manifester leur volonté... de donner leurs instructions ; et c'est ce qu'ils demandent, parce que c'est ce qu'ils n'ont pas. Aussi Dieu sait comment les électeurs remplissent leur prétendu *mandat !*

En quoi un homme qui va voter contre ma conscience, et peut-être contre la sienne, est-il mon mandataire ?

En quoi un homme qui n'est électeur que par ce qu'il laboure un champ, fauche un pré, ou fait tourner une meule, est-il mon mandataire ?

En quoi un homme à qui je donnerai *le conseil* de voter pour le plus digne, et qui a le droit de me répondre : *cela ne vous regarde pas*... est-il mon mandataire ? Sans doute il devrait l'être ; et c'est pour lui faire comprendre toute l'étendue de ses devoirs que M. de Cormenin lui attribue ce titre imaginaire. Mais lorsque toute pudeur s'est évanouie; lorsque toute dignité, tout sentiment d'honneur ont disparu; lorsque tout sens moral est absorbé par la spéculation, par l'égoïsme et par l'intérêt; lorsque toutes les lois écrites sont méconnues, outragées, méprisées et violées, pouvons-nous mettre nos droits sous la sauve-garde des vertus électorales, et ne pas demander l'accomplissement des devoirs du citoyen aux lois les plus formelles et les plus explicites ?

Raisonnant sur le système représentatif actuellement existant, M. de Cormenin considère :

Le roi, comme le mandataire de la nation.

Les ministres, comme les mandataires de la chambre.

La chambre, comme mandataire des électeurs.

Les électeurs, comme les mandataires de ceux qui ne le sont pas.

Je ne saurais admettre ces ricochets représentatifs.

Le roi n'est pas le mandataire de la nation. Il est plus ou moins que cela. Le roi n'est qu'un principe; ou bien il faut que vous cessiez de vous appeler monarchie pour prendre le nom de république. Si l'empereur Nicolas était renversé de son trône, et si 219 boyards russes, par exemple, (prenons ce chiffr comme tout autre) remplaçaient l'empereur de toutes les Russies par un roi des Russes de leur choix, ce roi improvisé, manipulé, fabriqué, ciselé, inventé, imaginé, coiffé et couronné par ces 219 boyards, serait-il bien le mandataire des 60 millions d'hommes qui forment la population de la Russie? évidemment non. Voilà pour le fait.

Passons au droit. En théorie représentative, le roi ne peut représenter que le symbole de l'ordre, la garantie du mouvement normal. S'il était mandataire il aurait le droit de discussion, et il ne doit pas l'avoir. S'il est mandataire, vous pouvez le révoquer. Dès ce moment vous vous mettez en lutte avec lui, car il est le pouvoir exécutif; il a la force en main, et cette force, il la tournera contre vous, lorsque vous vous tournerez contre lui. Sans même vous en douter, vous êtes de mon avis; car vous accordez au roi l'hérédité. L'accorde-t-on à un mandataire? L'accordez-vous au fils de votre député? Le voilà bien, pourtant, votre mandataire, dans toute l'acception du mot. Vous l'élisez, le choisissez pour vous représenter, et faire à votre place, et dans votre intérêt, les lois qui doivent vous régir, et auxquelles, d'avance, vous soumettez votre fortune, votre famille, et une partie de votre liberté. Mais le roi ne peut être le mandataire de personne, parce qu'après tout, le roi n'a rien à *faire*; parce que nous ne disons au roi que cette parole abstraite et symbolique : REGNEZ.... et que cette parole renferme un *principe* et non pas un *mandat*. Le roi enfin n'est le mandataire de personne, parce qu'un mandataire est *responsable* et que le roi ne l'est pas; parce qu'il est ou doit être privé de tous les droits *d'action* qui n'appartiennent qu'à la chambre. Il n'est pas actif, il est passif; et sa puissance, considérée sous ce point de vue, doit être immuable ,parce qu'elle est sans danger, respectée parce qu'elle est un bienfait.

Les ministres sont-ils les mandataires de la chambre ? Allons donc! Autant vaudrait dire que les comédiens recrutés par un directeur sont les mandataires du parterre. Est-ce la chambre qui choisit les ministres? Non. C'est le roi. Ils ne sont donc que les mandataires du roi. Ils s'arrogent, vis-vis de la chambre, un pouvoir discrétionnaire et absolu. Ils lui communiquent ou lui dérobent les pièces diplomatiques qu'il leur plait de lui dérober ou de lui communiquer. Ils jugent en dernier ressort de l'opportunité ou de l'inopportunité d'un débat sur tel ou tel de leurs actes, sur tel ou tel de leurs abus, sur telle ou telle de leurs usurpations. Ils répondent ou ne répondent pas, selon leur bon plaisir, aux interpellations provoquées par les scandales électoraux ou administratifs... Plaisants mandataires qui font marcher leurs mandants, (évitez de prononcer mendiants) comme un vil troupeau d'esclaves en livrée; comédiens d'un nouveau genre qui n'ont qu'une seule farce dans leur répertoire, et qui, de plus, ont le singulier pouvoir de faire jeter leur parterre à la porte, s'il a d'indépendantes velléïtés, et si la claque est vaincue par les sifflets.

Enfin, la chambre est-elle mandataire des électeurs? Ici, pas de doute, pas de restriction possible. La chambre des députés de France n'est, ou plutôt ne doit être autre chose que la personnification du corps électoral. Mais il ne faut pas qu'elle se transforme en *bureau d'agences*. Un député représente la patrie et non pas le clocher. Il est législateur, et non pas homme d'affaires. Eh bien! Supposons que l'action du pouvoir n'ait nullement altéré la pureté des élections; supposons que les députés, esclaves de leur conscience et de leurs engagements, ne trahissent pas le mandat qui leur est confié pour un mandat qui leur est vendu ; supposons que la plus sévère probité préside à la direction du ministère, à l'obéissance des préfets, à la confection des listes, aux programmes des candidats, aux votes des électeurs et aux travaux de la chambre..... Supposons tout cela!... aurons-nous encore une représentation nationale, une *personnification* de la *Nation ?* Nous en aurons le simulacre ; car nous avons déjà vu que le chiffre de la population, est au chiffre des électeurs, comme 180 est à 1. Or, le territoire de la France se composant de 86 départements, la chambre *la plus pure*, dans le système actuel, ne représenterait pas même la *moitié d'un département !*

A quoi donc sera réduite cette représentation déjà si dérisoire et si problématique, si nous tenons compte des cyniques influences qui viennent encore la dénaturer? Je ne viens pas faire ici l'historique de la corruption. C'est un sujet épuisé, rebattu ; c'est un fait acquis aux grands débats de la presse et de la tribune... D'ailleurs une brochure n'est pas une encyclopédie... « *Si l'on voulait discuter toutes les* » *élections discutables*, disait M. Duvergier, *il y fau-* » *drait six mois !..* » Bien que je sache, *par expérience*, qu'il n'y a nulle part de front plus pudique, ni d'oreilles plus délicates, ni de consciences plus noblement susceptibles, ni de cœur plus facile à soulever que dans les laboratoires officiels où se distille, par principes, cette drogue salutaire que les gens mal élevés appellent corruption, je pourrais bien me passer la curieuse fantaisie de retracer ici le tableau des batailles livrées, disputées, remportées sous l'infaillible protection de ce nouveau talisman ; de faire défiler devant moi, non pas toute l'armée, Dieu merci! mais seulement ses officiers supérieurs et quelques-uns de ses caporaux ou sergents les plus majestueux dans leur démarche, les mieux ombragés sous leur brillante queue de paon, les plus corrects dans leur tenue, les plus fiers de leurs galons, et les plus ambitieux de l'épaulette ou du signe des braves..... Je pourrais éclairer un instant l'un de ces fabuleux panoramas, où chaque préfet et sous-préfet expose gratis aux regards enchantés, fascinés, ahuris, ébétés et ravis des notabilités à 200 francs, une éblouissante et vertigineuse perspective de routes, de canaux, de ponts, de chemins de fer en or et en argent, de montagnes éventrées, de marais abolis, de monuments construits ou replâtrés, de régiments et de garnisons, de tableaux, de chefs-d'œuvres, de places, de secours, de bourses, de faveurs, de croix de la légion *dite* d'honneur, de remises d'amendes et de prison, de promesses à perte de vue, le tout embelli, ça et là, de gendarmes et de procureurs du roi!..... Mais ce panorama, tout le monde l'a vu, et si vous désirez le revoir, guettez la plus prochaine élection; *ab unâ disce omnes*... Allez-y. Demandez où se tient la foire des consciences; on vous dira : *partout*. Et vous verrez tous ces montreurs de lanterne magique exploiter le cabaret, la taverne et le carrefour, pour le compte de ceux qui la montrent dans leurs salons et dans leurs cabinets.....

Mais, je le répète, cette vaste matière sort de mon sujet. Il ne me manque, pour la traiter, que le temps, l'intention et le papier. J'ai seulement voulu signaler l'existence de cette plaie universelle et me demander à quelles proportions elle réduisait une représentation prétendue nationale? Une majorité électorale livrée aux menaces et vendue aux promesses, une majorité parlementaire recrutée parmi 200 fonctionnaires et ceux qui veulent le devenir; ces majorités dégradées, discréditées, dépouillées de toute autorité morale et politique, faisant très bien leurs affaires, mais trahissant le pays, dominent, régissent, dirigent, gouvernent le pays, et donnent des lois au pays!! Ces lois, on les accepte, on les tolère, on les subit, on leur obéit!!.. Et je disais, plus haut que nous avions une assemblée de *notables!* notables a l'encre rouge, tout au plus!... et je fus mieux inspiré le jour où je provoquai des colères de comédie pitoyablement jouées, en écrivant que nous n'avions qu'un bazar de consciences, un magasin de marchandises parlementaires! Et qu'on ne se récrie pas... qu'on se cache et qu'on se taise!... car je devrais chercher mes comparaisons ailleurs! car le spectacle que l'on nous donne est un spectacle hideux... car l'insolente fierté, le pudibond vocabulaire de ce fatal ministre qu'à tout autre époque on eût cent fois, déjà, mis en accusation, me font souvenir qu'un homme qui personnifiait en lui la scélératesse, le cynisme et l'immoralité, rappelait à chaque instant la convention *à la pudeur!*

Non, nous n'avons pas de représentation nationale. Elle n'existe pas. Elle se fond sous l'analyse, elle disparaît sous le raisonnement, elle s'évapore devant les calculs; si on veut la toucher du doigt, elle s'évanouit! c'est un être de raison, un fantôme, une ombre, un nuage ou un mot! Nous sommes redevenus *taillables et corvéables à merci !!* Ceux qui nous représentent sont ceux qui nous écrasent !

Enfin, la souveraineté nationale, la responsabilité ministérielle, la pondération des pouvoirs, le respect de la charte, la gloire, l'honneur, la prospérité, l'égalité, la liberté, tous ces mots creux sont autant de mensonges, et tombent aujourd'hui de toutes les bouches, augustes ou non, avec autant de prestige et d'autorité que si nous les tenions de ces orateurs en plein vent qui haranguent la foule, en panache et en calèche découverte, avec assortiment complet d'orviétans, de fioles et de vers solitaires...

Eh! bien, Français, qu'en dites-vous? qu'en pensez-vous? Faut-il vous féliciter de vos progrès, de vos conquêtes et de votre butin constitutionnel? Où est votre gouvernement représentatif? où est votre constitution fondamentale? où sont vos ministres responsables? où sont vos représentants? où est..... N'allons pas si haut. Qu'est devenu le droit de protestation? qu'est devenue la presse? qu'est devenu le jury? que sont devenues toutes ces promesses avec lesquelles on a payé vos créances de 1830? où sont vos institutions? où sont vos libertés? où est votre honneur national, et qu'est devenue votre prépondérance? Voyez! vous vous battez pendant trois jours au nom de la charte de 1814, et cette charte est déchirée sous vos yeux; preuve irréfragable que l'on vous a poussés au combat plutôt pour la renverser que pour la défendre.... On met le feu à la mine, creusée depuis quinze ans; le vieux trône brisé vole en éclats, et du milieu de ses débris s'élève tout-à-coup, sous la baguette d'un invisible enchanteur, un monument tout prêt, tout drapé, tout doré, comme enfanté par un rapide et admirable mouvement de machines théâtrales!!.. Pas d'interrègne, pas d'hésitations, pas de doutes, pas de tâtonnements, pas même de discussions.... Cincinnatus s'arrache avec douleur aux douceurs pastorales; il donne une larme à sa charrue; lui fait de déchirants adieux... il accepte, il se dévoue!!!! et la patrie est sauvée... Dans cette comédie, l'intérêt se soutient, personne ne s'ennuie, et le dénoûment, quoique prévu d'avance, fait couler des larmes invincibles et provoque de frénétiques bravos! L'auteur est rappelé avec trépignements (la scène représente un balcon), il daigne paraître; l'émotion le domine... Mais son silence parle, ses gestes pleins d'amour témoignent de son dévoûment, de son abnégation et de sa vive reconnaissance... une couronne est jetée sur la scène; le rideau tombe, et la pièce est jouée!...

Ce n'est pas tout. Il vous faut une charte ; allez ; soyez tranquilles ; on vous en donnera. Mais les violations qui ont appelé la tempête sur le trône de 1815, sont précisément la force, la garantie, le refuge des farouches puritains qui vous demandaient le châtiment du PARJURE !... Vous avez versé votre sang en livrant bataille au despotisme ; de noirs cyprès s'inclinent sur la tombe de vos pères morts pour la liberté !... Français, dites-le donc, est-ce pour enrichir la langue d'un mot vide, que vous avez agité tous les peuples, bouleversé l'Europe, et engraissé la terre de vos sueurs ? Le despotisme n'est-il pas l'abus de la puissance ? Eh ! bien, je vous le demande ; je m'adresse à la conscience intime de chacun de vous ; y a-t-il, aujourd'hui, abus de la puissance ? L'abus n'est-il pas toujours l'abus, quels qu'en soient la forme et les déguisements ? Un despote quelconque ne vous dit plus maintenant : *Tel est notre bon plaisir...* (et s'il vous le disait, est-il bien sûr que vous l'en empêcheriez ?) vous avez trois pouvoirs au lieu d'un ! Quels progrès ! Au lieu de manger honteusement vos revenus sous un tyran, vous crevez de faim avec fierté à l'ombre d'une constitution ! Mais ne voyez-vous pas que cette constitution si belle, si grandiose, et de proportions architecturales si majestueuses dans son principe, a reçu par ricochet toutes les balles régicides qui l'ont réduite à l'état de squelette?...

Vous ne redoutez plus les ordonnances; vous vivez *sous l'empire des lois*... Mais vous savez très bien comment se font ces lois, et vous n'ignorez pas comment se font les députés!!

Enfin vous avez rompu vos fers!! Quel est l'audacieux qui oserait exhumer vos antiques chaînes et vous refaire esclaves?... Mais on vous tient sous un immense filet, en se moquant de vous et en chantant la liberté. On vous vole, on vous gruge, on vous dépouille, on vous endort, on vous trompe, on vous berne, on vous cajole, on vous rançonne, on vous pressure, on vous filoute, on vous escroque, on vous ruine, on vous trahit, on vous baffoue, et l'on rit aux éclats de votre niaiserie, lorsqu'on vous voit draper fièrement votre misère des oripeaux troués de la constitution!... Dites, dites-moi, est-il vrai qu'il en soit ainsi, vous qui n'êtes pas électeurs? et vous-même qui l'êtes, vous qui mordez comme des goujons à tous les appâts que l'on vous jette, n'avez-vous pas encore senti la pointe de l'hameçon? Reconnaissez-vous bien ce qu'on vous a promis?

Etes-vous libres? êtes-vous heureux? êtes-vous riches? êtes-vous contents? êtes-vous fiers d'être français lorsque vous embrassez la colonne. . . . . de juillet? Dites-moi, dites-moi, vous qui avez une conscience, vous qui avez votre raison, vous qui respectez la sainteté de vos engagements, vous qui professez l'inviolabilité du serment, soit devant la justice des temples, soit devant celle des nations, dites-moi quel est le plus coupable, le plus criminel, le plus odieux : celui qui, croyant tenir d'un article de la charte le droit dangereux de faire un coup d'état, fait un coup d'état franchement, bravement, à découvert et à ses risques et périls..., ou ceux qui, après avoir bassement rampé devant l'émeute et amusé les badauds de leurs tours de gobelet, jettent leur masque de tartuffe, et tournent contre la liberté toute la puissance qu'ils tiennent de la liberté??

Voilà pourtant où nous en sommes. Les moins coupables sont châtiés; les plus criminels restent impunis; et la société actuelle se ressent de son origine; car les grands voleurs la tiennent sous leur domination. La vieille noblesse tant décriée, tant accusée, tant ridiculisée, voit aujourd'hui son blason tapisser les plus équivoques généalogies... Le peuple voit sa substance alimenter le faste et la cupidité d'une bande de fripons, déguisés en grands seigneurs; . . . et l'impudence de ces usurpateurs est encore moins étonnante que l'ébahissement de la grande nation qui les contemple, la bouche grande ouverte, en applaudissant avec une malicieuse pénétration à la supériorité de leur finesse et de leur savoir-faire !

Voulez-vous que je vous apprenne le secret de votre résignation? Il n'y a pas de honte à être asservi... mais il y a du ridicule à être dupé. Or, vous savez qu'en France le ridicule est mortel, et vous ne voulez pas avoir été mystifiés. Vous refusez de convenir que tous les changements de ministère , depuis 1830, n'ont été que des changements de cartes biseautées, avec lesquelles on joue contre vous, *et à coup sûr*, une seule et *immuable* partie. Vous refusez de convenir qu'au lieu de ministres et de mandataires, vous n'avez que d'impudents prestidigitateurs qui tournent toujours *le roi* et font toujours *la vole* .. Enfin vous ne voulez pas convenir (car tout cela est votre ouvrage), que Robert-Macaire est le roi... de la société actuelle, et l'exacte personnification de tout notre ordre, disons plutôt de notre désordre social.

Mais n'oubliez pas que vos systématiques dénégations sont une duperie de plus. Prenons, si vous voulez, un mot qui ménage votre amour-propre. Disons que vous vous êtes trompés ; bien mieux, que l'on vous a trompés. Eh bien ! qu'y a-t-il là de déshonorant ? Il y a, sans doute, une tache indélébile, une éternelle infamie dans cette infâme trahison.... mais ce n'est pas pour vous. L'escroquerie a-t-elle jamais deshonoré l'homme de bien qui en est la victime ? Allons, pas de respect humain, pas de fausse pudeur ! Un homme de mérite vous a déjà donné l'exemple ; il a demandé pardon à Dieu et à ses concitoyens d'avoir été, sans s'en douter, un ridicule compère !!! Voilà un galant homme qui a trouvé dans ses aveux une facile et complète réhabilitation. Faites comme lui, vous qui n'avez été que spectateurs. Bosco vous a demandé votre montre ; il l'escamote et ne vous la rend pas... c'est très bien. Rendez hommage au mérite de Bosco ; mais dites-lui, quoique un peu tard, qu'il ne vous y prendra plus ! Votre considération n'y perdra rien, et votre bourse ne pourra qu'y gagner.

A tous ces scandales il n'y a qu'un remède : *la réforme électorale* ; parce qu'il n'y a qu'un mal puissant dont elle est le seul antidote. Le ministère a répandu son virus sur le corps électoral, que la corruption a envahi jusqu'à la moëlle des os. Que voulez-vous espérer d'une chambre qui procède de l'un et de l'autre? En vain vous attendrez qu'elle s'amende elle-même; les sources de sa vie sont empoisonnées; les bons germes y sont étouffés et vaincus; c'est un membre gangrené qu'il faut s'empresser d'amputer, de séparer du corps de la nation. Il y va de votre salut! et vous n'y parviendrez qu'en détruisant le monopole *qui seul a vicié le pouvoir*!

Mais qu'est-ce donc que la réforme, et comment l'entendons-nous?

Pour les uns, c'est une flagrante usurpation, c'est presque une impiété!! Certes, ils ne s'y associeront pas... Je le crois bien. C'est le membre condamné qui discute l'*aptitude* et les droits du chirurgien. A ceux-là nous n'avons rien à dire; l'avenir seul leur répondra.

Pour d'autres, c'est un épouvantail. Les hommes timides hésitent, reculent et préfèrent croupir dans un danger permanent auquel ils sont habitués, que de courir les chances de ce qu'ils appellent une *résolution souveraine*. Le suffrage universel! des millions d'hommes appelés à voter sur la place publique ! sérieusement, est-ce possible et n'est-ce pas absurde ?

Il en est, enfin, qui n'ont ni intérêt ni appréhensions, mais pour qui la réforme est un mot qu'ils ne comprennent pas.

Il faut ici entrer dans quelques développements pour éclairer les uns et rassurer les autres.

Je dirai d'abord, pour faire saisir ma pensée dominante en cette matière, que la réforme électorale est, selon moi, bien moins l'application hasardeuse d'un remède que la juste reconnaissance d'un droit légitime, incontestable. Les réformistes de la droite me paraissent avoir le mieux compris cette question et l'avoir le plus franchement abordée. Ils ne veulent pas faire de la médecine désespérée ; ils veulent rendre à la France une institution *primordiale* qui consacrait *les droits généraux* dont ils demandent *la restitution*. Ils disent que tous nos maux, depuis plus de trente ans, sont dus aux graves altérations qu'a subies le système représentatif. Ils ne veulent pas être confondus avec les absolutistes du trône et de l'autel qui ont perdu la restauration. Ils prétendent que si la nation eût joui des droits qu'ils réclament et qu'ils ont toujours réclamés pour elle, la restauration mieux conseillée, mieux dirigée, plus solidement établie, serait encore debout. Ils soutiennent, enfin, que la révolution de juillet n'a été escamotée qu'à l'aide de la loi de 1831, d'où ils concluent que le *monopole électoral*, est la plaie, le cancer de notre société moderne. Or ce monopole n'étant que le droit d'élection conféré à quelques-uns, la réforme qui le combat doit évidemment consister dans le droit d'élection conféré à tous.

C'est en quoi, principalement, nous sommes en dissidence avec certains réformistes qui ne donnent à leur réforme, ni plus ni moins, que la portée d'une question ministérielle. Ils cherchent des palliatifs, nous invoquons la justice et le droit. Ils proposent des systèmes qui ne sont que les correctifs variables de variables imperfections. Ils déplacent ou reculent la difficulté; nous cherchons des hommes qui veuillent la résoudre. Eh bien, cette solution réside *exclusivement* dans la théorie dont je viens donner un rapide aperçu. Théorie *absolue dans son principe*, bien que pouvant modifier et perfectionner son mode d'application.

Je demanderai donc ce que l'on entend par *droit d'élection*? Qu'on s'explique, et que, sans faux fuyant, on aille droit au but.

Doit-on le définir d'une manière absolue, ou ne veut-on lui donner qu'une définition relative?

Ce droit est-il inaltérable, personnel, sacré, ou bien veut-on l'étendre ou le restreindre selon les changements des dynasties, les oscillations des ministères et les caprices des majorités?

En un mot, ce droit est-il un *droit*, ou bien, n'est-il qu'un *privilége*?

Voici, entre autres, ce que répond M. Duvergier de Hauranne :

« Les lois électorales n'ont rien de nécessaire, » rien d'immuable... Elles doivent se modifier sans » cesse, selon le progrès de la civilisation, selon le » degré des lumières, selon l'état général des esprits » et des mœurs. » (*De la réforme électorale*, *page* 181.)

Après cette courte citation, nous ne devons pas nous étonner que l'auteur continue, un peu plus bas, dans ces termes :

« En 1835, il me semblait que la loi, malgré ses » imperfections notoires, fonctionnait bien, et » qu'elle donnait à la France le gouvernement *repré-* » *sentatif vrai.* En 1847, il me semble qu'elle fonc- » tionne mal et *qu'elle laisse périr le gouvernement* » *représentatif.* Il me semble en outre, après y avoir

» regardé de près, que cela tient, non pas à quelques
» circonstances passagères, accidentelles, mais aux
» vices même de son mécanisme. Avais-je raison
» ou tort, en 1835, peu importe. Ce qui importe, c'est
» de savoir si j'ai tort ou raison en 1847... (*Ibid*, *pa-*
» *ges* 182 *et* 183).

Je n'hésite pas un seul instant à dire à M. Duvergier de Hauranne : Vous aviez tort en 1835, et vous avez tort en 1847. Il serait difficile de réunir dans si peu de lignes plus de propositions contradictoires.

Comment! une loi qui réalise en 1835, le gouvernement représentatif VRAI, *laisse périr* ce gouvernement en 1847? Comment! *les progrès de la civilisation, le degré des lumières*, *l'état général des esprits et des mœurs*, ont subi, dans l'espace de douze ans, une telle transformation que ce qui était *vital* en 1835 est devenu *mortel* en 1847. Comment! ce sont là toutes les garanties d'ordre public que doit attendre la France des sublimes conceptions écloses sous le soleil de 1830! Mais savez-vous bien, Messieurs, que vous êtes, sans vous en douter, les plus intrépides anarchistes qui aient compromis le repos d'un grand peuple? La première conséquence de votre système, c'est que la loi que vous proposez en

1847 pourra très bien *laisser périr* votre gouvernement en 1850. Sur mon âme et conscience, il ne vaut pas la peine d'en essayer. Vous reconnaissez que la loi électorale est le pivot du gouvernement représentatif, et ce pivot, vous l'offrez si fragile, qu'il faut le changer à chaque instant? Mais ne change pas une loi qui veut! Vous en avez aujourd'hui un triste exemple!! Le ministère est inféodé à *une pensée*; la chambre est inféodée au ministère; les électeurs sont inféodés à la chambre; tout cela se tient, se protége, se lie, se défend mutuellement, et plus une réforme accusera et condamnera le pouvoir actuel, plus ce pouvoir s'acharnera à combattre et à refuser la réforme. A qui la demanderez-vous? Quel sera l'arbitre suprême qui jugera le monopole et ses victimes? Vous n'hésitez pas à répondre, et vous proclamez vous-même en ces termes les déplorables conséquences de votre principe :

« J'aperçois quant à moi, le moment où, à la » veille d'une élection générale, la corruption verra » tout-à-coup surgir en face d'elle, un rival redou- » table, *la violence!* entre ces deux forces également » irrégulières, également condamnables, ce sera » alors un *duel terrible*, un *combat acharné*, ou, » quel que soit le vainqueur, LA LIBERTÉ PÉRIRA.» (*page* 248.)

Bravo! messieurs, et grand merci de vos horoscopes. C'est vous qui avez fait la loi de 1831; c'est vous qui voulez aujourd'hui, simplement, modifier et replâtrer une loi qui nous conduit *au combat* et doit faire *périr la liberté* : donc, c'est vous qui tuez la liberté.

La conclusion est cruelle, j'en conviens. Mais elle prouve qu'en matière de législation politique et sociale, les bonnes intentions ne suffisent pas; que celui qui s'écarte des principes, édifie sur le sable et est fatalement condamné à réparer, étayer, recrépir un édifice chancelant et dangereux; elle prouve, enfin, qu'en dehors des principes, on vit au jour le jour, on chancelle, on tatonne, on se perd; ce qu'on croyait bon la veille ne vaut plus rien le lendemain. On organise le désordre, on appelle *la violence*, et l'on tue la liberté.

Du reste, M. Duvergier de Hauranne ne s'en cache pas. Il déclare qu'il fait abstraction de la question de principes, et voici comment il justifie cet étrange aveu. Qu'on me permette encore quelques citations; elles sont nécessaires pour faire apprécier la réforme sous tous ses points de vue :

« Je n'ai jamais pu comprendre comment ceux
» qui regardent le vote électoral comme un droit

» naturel, absolu, universel, le soumettent aussitôt » eux-mêmes à des restrictions qui ruinent de fond » en comble leur principe. Je n'ai jamais pu com- » prendre comment, par la force de la logique, ils » ne se trouvent pas conduits à compter également » le suffrage de toute créature humaine, dès qu'il » est matériellement possible de le recueillir. Est-ce » que les droits naturels n'appartiennent pas aux mi- » neurs aussi bien qu'aux majeurs, aux domestiques » aussi bien qu'aux maîtres, aux femmes aussi bien » qu'aux hommes? Est-ce que le droit de pratiquer » librement son culte, le droit de publier sa pensée, le » droit d'être protégé dans sa personne, ne sont pas » les mêmes pour tous les âges, pour toutes les » conditions, pour tous les sexes? Quand on fait » pour certains droits politiques, des distinctions » qu'on ne fait pas pour d'autres, on reconnaît que » ce ne sont pas des droits identiques. Une fois cette » concession faite, *la question de principes n'existe* » *plus.* » (page 180.)

Je réponds : En thèse générale, il n'y a pas de *droits absolus.*

Tachons de nous entendre.

J'appelle *droit absolu* celui que *rien* ne peut ni altérer, ni détruire. Je ne crains pas de dire que de ces droits là, il n'en existe nulle part. Ne perdons pas dé vue que l'homme doit toujours être considéré comme *individu* et comme membre *du corps social.* Sous ce second rapport, l'homme doit toujours s'effacer devant le citoyen. Eh bien! où sont les droits absolus du citoyen? Où sont ses droits les plus imprescriptibles dont l'exercice ne soit pas subordonné à l'ordre public, et soumis à la surveillance et à la censure sociales? Ceux-là même qui ont été indiqués par l'auteur que je combats, ne sont-ils pas sans cesse assujettis à de rigoureuses et inflexibles conditions? La liberté des cultes, la liberté de la pensée, la liberté individuelle, sont-elles des libertés absolues? Avons-nous le droit de fanatiser ou de corrompre un auditoire, de diffâmer autrui, et de rançonner les passants? Pourquoi ne l'avons-nous pas? C'est parce qu'il y a deux sortes de droits naturels qui doivent coïncider avec nos deux qualités d'hommes et de citoyens. Le sauvage ne connaît que les premiers : vivre, dormir et manger. L'homme civilisé a des besoins plus nobles et possède des droits naturels d'un ordre plus élevé. Il demande des lois qui protégent sa liberté, mais il s'engage à son tour à ne pas abuser de cette liberté. Il participe aux bienfaits des institutions qui favorisent le développement de son intelligence et veillent au maintien, de la tranquillité publique; mais il apporte son tribùt aux charges que cette protection générale et cette vigilance active imposent à l'état. Enfin, après de longues et douloureuses tentatives, il s'est donné un gouvernement représentatif..... Il touche ici au suprême degré de sa dignité et de sa liberté de citoyen... Il consent à se soumettre aux lois, mais il veut choisir lui-même ses législateurs. C'est un droit légitime du citoyen que la perte de cette qualité pourrait seule anéantir. Et voilà justement pourquoi l'on doit toujours sous-entendre l'exclusion des malfaiteurs, des idiots, des vagabonds, des mendiants et des fous.

Quant aux mineurs, ils sont exclus tout simplement parce qu'ils sont mineurs, c'est-à-dire, parce qu'ils sont censés n'avoir pas encore acquis toute la maturité d'expérience et de réflexion qu'exige l'exercice important du droit électoral. Le même motif qui les exclut, a bon droit, de la gestion de leurs propres affaires, doit, à plus forte raison, les exclure des affaires de l'Etat.

Ai-je besoin enfin, de justifier l'exclusion des femmes, bien que je considère le droit d'élection comme un *droit naturel du citoyen?*

Je déclare d'abord que l'objection n'est pas sérieuse, et que la réfutation m'en paraît ridicule. Les femmes elles-mêmes n'ont jamais songé à se révolter pour réclamer des droits qui sont l'apanage de la force. Les droits du citoyen sont la conséquence des charges du citoyen. Il faudrait dès-lors demander qu'elles fassent partie de la garde nationale? Si les sexes ne doivent pas fixer des limites à l'exercice des droits politiques et sociaux, les femmes peuvent être aussi avocats, notaires, avoués, magistrats, députés, généraux, ambassadeurs et ministres?.... A proprement parler, ce ne sont pas nos lois qui interdisent aux femmes ces diverses fonctions; c'est la nature elle-même qui ne les a crées ni pour les rudes labeurs, ni pour les sciences arides, ni pour les agitations du forum; et celles qui ont le triste avantage de posséder de masculines tendances, perdent tout leur prestige sans rien gagner du notre et tombent dans le genre neutre. Quant aux femmes que l'on appelle ou qui se croient *supérieures*, il y en a plus de la moitié qui ne sont que ridicules. Il ne suffit pas de fumer un cigarre, de carricaturer l'homme et d'être mal élevée pour être un phénomène. Ces innocentes usurpations n'ont jamais enrichi personne, et le bon sens, quelquefois trop tard, triomphe toujours de ces excentricités. Ce n'est donc pas l'intelligence des femmes qui est ici mise en question. Je suis profondément convaincu que, sous ce rapport, elles n'ont absolument rien à nous envier; et si l'on pouvait faire un tableau comparatif des hommes et des femmes d'esprit, j'avoue en toute humilité, que je tremblerais pour l'honneur des premiers et que je parierais contre eux. Si les ressources de leur intelligence devaient être la mesure de la capacité électorale des femmes, il y a telle diplomate qui devrait laisser son bonhomme à la cuisine, pour aller elle-même jeter un nom dans l'urne et sauver la patrie. Qui serait assez indiscret pour lui demander la cause de ses préférences et les motifs de son vote?

Mais du reste, à quoi bon toutes ces distinctions? Sachons bien que les femmes, en général, détestent la politique, et pour mon compte, je les en remercie. Mais celles qui s'en occupent, ne l'oublions pas, sont si actives, si impitoyables, si fanatiques, si enragées, qu'elles sont électeurs en fait, si non en droit; qu'elles votent *réellement*, dix fois, vingt fois, cinquante fois, sans mettre le pied au collége et sans sortir de leur boudoir; qu'elles dirigent despotiquement, au nom de leurs maris en tutelle, les plus redoutables, les plus puissantes cabales, et font à leurs adversaires la plus dangereuse, la plus mortelle concurrence.

On voit donc que les femmes qui quittent la romance ou le feuilleton pour prêter leur concours à tel fortuné candidat, et consacrer leur zèle aux intérêts de la patrie, savent très bien s'emparer du droit électoral que la loi leurs refuse. Mais il n'en serait pas moins puéril de dire que leur exclusion, basée sur la destination qu'elles ont reçue de la nature elle-même, détruit le principe général qui accorde le droit de vote à tous les citoyens.

J'interromps une digression qui pourrait finir par me créer de formidables inimitiés.....

Rentrons dans la question, et demandons encore à M. Duvergier de Hauranne, ce que je pourrais appeler *ses conclusions motivées* : sachons quelles sont les bases et la nature de sa réforme, sachons en quoi et comment il la justifie. Lisons.

« Plus je crois la réforme nécessaire, plus je dé-
» sire quelle respecte, autant que possible, *les ha-*
» *bitudes établies, les idées dominantes*, *les positions*
» *faites* et tout ce qu'on nomme les *droits acquis*... »

Arrêtons-nous là. Il est de la dernière évidence que l'auteur est dans l'impossibilité radicale de légitimer d'une manière quelconque le semblant de réforme qu'il propose.

Respecter les habitudes établies?.. Mais non, vous

ne les respectez pas. Le mot de réforme, lui-même, exclut l'idée du respect des habitudes. Il n'est ici question que d'électeurs, et d'hommes qui ne le sont pas. Ceux-ci, évidemment, n'ont pas contracté d'habitudes. Sont-ce les habitudes des autres que vous voulez respecter? Je ne le crois pas, puisque vous voulez les réformer. D'où il suit que je ne saisis pas très bien la portée ou la nuance de votre respect.

Les idées dominantes?... D'abord il ne suffit pas qu'une idée soit dominante pour être respectable. Galilée fut jeté dans les cachots pour avoir contrarié les *idées dominantes* de la très peu respectable inquisition, et contraint, à l'âge de 60 ans, de rétracter ses astronomiques *hérésies*. Aujourd'hui, l'on enverrait à Charenton tous ces sublimes docteurs qui éclairaient le monde avec des bûchers. Je pourrais multiplier les exemples à l'infini; mais je me contenterai de dire que l'on ne doit pas considérer comme des idées dominantes celles que l'on affectionne soi-même. En matière de réforme, les idées dominantes sont dans les masses que la loi actuelle blesse dans leurs droits et dans leurs intérêts. Consultez donc ces masses et vous serez certain de ne pas vous tromper.

Enfin, vous voulez qu'on respecte les *positions faites* et *les droits acquis*?

1° Nous ne voulons toucher aux droits de personne. Nous voulons, au contraire, en donner à ceux qui en sont dépouillés.

2° En supposant qu'étendre le droit électoral, ce soit violer les droits acquis, vous les violez tout comme nous, puisque vous voulez doubler le nombre des électeurs.

3° En envisageant les droits acquis sous ce point de vue, vous remontez, malgré vous, à la source de ces droits, et vous m'autorisez à vous demander d'où ils viennent et de qui on les tient. Il n'y a pas moyen d'échapper aux inflexibles importunités de la logique. Des droits acquis? acquis par quoi? où sont vos titres? où sont vos actes de naissance électorale? dans la loi, direz-vous? mais cette loi, qui l'a faite? quel est son principe? et vous-même, pourquoi voulez-vous la changer? Nous voilà revenus à notre point de départ, et la discussion n'a pas fait un seul pas. Ah! c'est que vous devriez vous abstenir de prononcer le mot DROIT, car vous nous avez mis au régime *des faits accomplis*. A quelle date remontent les droits que vous appelez *acquis*, et quel a été *leur mode d'acquisition*? quels sont les détenteurs, les vendeurs, et les dispensateurs de ces droits? qui les donne? qui les confère? qui les sanctionne? et qui, en les octroyant, a la puissance d'en *légitimer* l'exercice? Je ne connais que la souveraineté nationale qui puisse faire tout cela. Cherchez ailleurs, et je vous mets au défi de trouver autre chose que le despotisme, le monopole, le privilége, l'usurpation et l'abus. Dès que vous parlez de *droit*, c'est vous, par exemple, qui ruinez votre système de fond en comble; car le droit ne peut avoir qu'une origine, et cette origine vous tue. Il n'y a pas de gouvernement issu du droit divin; vous l'avez dit, et vous aviez raison. Ils prennent donc leur source dans la souveraineté des peuples. Je vous ai dit quelle était la mienne. L'occasion est belle pour nous apprendre, une fois, comment vous entendez la vôtre.

Nous avons déjà vu M. Duvergier de Hauranne déclarer qu'en matière de réforme électorale, la question de principes, suivant lui, n'existait pas. Eh bien! nous allons le voir se mettre à l'abri sous ces mêmes principes, tant il subit, malgré lui, l'influence de cette vérité éternelle, qu'en dehors des principes on n'aboutit qu'à l'arbitraire.

« J'écarte donc, dit-il, toutes les réformes qui » détruiraient, qui ruineraient entièrement la loi » électorale actuelle; et me plaçant au cœur même

» de cette loi, je me demande *quels sont les princi-*
« *pes* sur lesquels elle est *censée* reposer. Les voici,
» ce me semble, tels qu'on les a toujours définis :

» La chambre des députés doit être, dans de justes
» proportions, *la représentation fidèle* des droits,
» des intérêts, des opininons du pays. » (pag. 222)

D'accord; mais *le pays* est-il le tiers, la moitié, les trois quarts d'un département, ou bien, est-il 86 départements? est-il 200 — 300 — 400 mille privilégiés; ou bien, est-il 36,000,000 de français **ÉGAUX DEVANT LA LOI**?... Voilà ce que nous voulons savoir, et ce qu'on ne nous dit jamais. La chambre actuelle qui est nommée par la cent quatre-vingtième partie de la population française, est-elle, *dans de justes proportions*, la représentation *fidèle* du pays? Cette chambre, modifiée comme vous l'entendez, serait-elle encore l'image du pays? Si le droit de la nommer n'appartient pas à tous, il est un privilége, et si vous n'acceptez pas ce mot là, dites-moi, dès lors, qu'elle est, selon vous, la nature, l'origine du droit d'élection; comment vous le définissez et comment vous le justifiez.

Le paragraphe suivant va nous répondre :

» Le droit d'élire n'est ni un droit universel que
» tous puissent réclamer, ni un privilége créé au

» profit de quelques-uns.... » (Ceci commence à devenir tant soit peu métaphysique et passablement nébuleux. N'importe; voilà, dites-vous, ce que n'est pas le droit électoral; voyons maintenant ce qu'il est).

« C'est un droit que la *capacité* confère, que la loi » reconnaît, et qui s'exerce au profit de la société » entière. »

Si vous comprenez cela, vous autres, moi, je n'y comprends rien.

Nous direz-vous, du moins, en quoi consiste cette capacité? quelle en est l'étendue? quels en sont les indices? Je comprends très bien que la capacité intellectuelle confère le droit d'élection, et c'est ce que je réclame. Mais *votre capacité*, quelle est-elle? comment l'entendez-vous? à quoi la reconnaissez-vous? combien en distinguez-vous? Tout cela est importun, j'en conviens; mais ce n'est pas ma faute; et je ne crains pas de dire que le mot *capacité* est pour les adversaires du droit de tous, une pierre d'achoppement, une impasse, une épine, un invincible embarras. On ne veut pas que le droit électoral soit un privilége; on ne veut pas non plus qu'il soit universel.... et pour se mettre d'accord avec soi-même, on invente *la capacité!* Alors, on fait des catégories de capacité; mais on déclare (pag. 240) que la propriété est, *à grande raison*, le signe principal de la capacité politique! Bien plus; on ne conteste pas que ce droit, que l'on fait surgir des champs, comme un fruit de la terre, soit un droit *aristocratique*! car nous lisons, pag. 228 :

« Entre le *principe aristocratique*, qui attribue *à*
» *la propriété foncière* seule l'exercice des droits po-
» litiques, et le principe démocratique qui les donne
» à l'individu, la législation française, depuis 30 ans,
» a placé un autre principe, le principe rationnel,
» qui distribue les droits politiques selon les apti-
» tudes. »

On reconnaît donc que le droit d'élection, inhérent à la propriété, est un privilége, puisque le principe qui a créé ce droit est un principe *aristocratique*. Qui dit *aristocratie*, dit classe privilégiée; ceci n'a pas besoin de démonstration.

Je le dis en toute assurance: il faut renoncer à parler la langue française, ou rayer ce mot là de notre langage politique. Comment la propriété peut-elle être un signe de capacité? Vous mesurez donc la capacité à l'hectare et à la toise? Quel rapport y a-t-il entre ces mots : gerbes de blé, bottes de foin, aptitude, intelligence? Ce n'est pas tout; si vous voulez être conséquents avec votre principe, la petite comme la grande propriété, confèrera le même droit? Non ; vous établissez des limites ; en deçà ou en delà de telle contenance, le propriétaire d'un champ est ou n'est pas capable. Je vous le répète, votre droit électoral n'est qu'un privilége ; il n'est plus un droit dès qu'il peut subir des modifications indéfinies ; il n'est plus un droit dès qu'on en est réduit à dresser un cadastre de capacités, que l'on peut changer, modifier, étendre ou restreindre, du jour au lendemain, selon la probité du ministère, la vénalité des représentants et les exigences calculées de certaines oppositions. Sous la restauration, le droit électoral était évalué trois cent francs ; depuis la révolution de 1830, il est évalué deux cent fr. ; aujourd'hui, l'on veut encore le mettre au rabais.... Ces fluctuations, ces tâtonnements de la législation électorale présentent-ils, je le demande, les caractères immuables du droit ?

Nous, au contraire, nous voulons que le propriétaire soit électeur, non parce qu'il est propriétaire, mais parce qu'il est *français*. Le droit inhérent à cette dernière qualité est indivisible et indépendant de toutes les vicissitudes dynastiques ou ministérielles. Voilà pourquoi nous demandons que tout le territoire de France soit représenté, parce que nous voulons que tous ses enfants soient égaux. A la bonne heure ! il n'y a pas là d'inconséquence. Mais prétendre que tous les Français sont égaux devant la loi ; prétendre que le droit électoral n'est pas un privilége ; prétendre que les limites fixées à ce droit ne sont pas arbitraires, et faire en même temps des catégories que rien ne justifie, des exclusions que la raison et la justice condamnent, tout cela est on ne peut plus contradictoire, on ne peut plus inexplicable. Si, en principe, la propriété confère le droit, elle le confère indépendamment de son étendue. Si l'exercice de ce droit n'est attaché qu'à telle ou telle propriété, il dégénère en monopole, il n'est plus un droit ; il est le fait de l'homme, et tous les sophismes, toutes les subtilités parlementaires ou philosophiques ne pourront pas lui enlever son véritable caractère.

Il faut donc que tout propriétaire soit représenté, et il ne peut l'être s'il n'est pas électeur.

Mais tout le monde n'a pas de propriétés... Loin de là ! Faut-il que celui qui en est privé soit jugé indigne de remplir ses devoirs et d'exercer ses droits de citoyen ? La propriété n'est, tout au plus, qu'une présomption de capacité. Eh bien ! l'on repousse la certitude de la capacité, pour n'en admettre que la présomption! Telle fonction publique, telle profession libérale, sont certes des indices plus sûrs de capacité, que la possession d'une ferme, ou l'exploitation d'une industrie. L'on admet pourtant celles-ci, pour exclure celles-là! Pourquoi? que l'on m'explique cette anomalie, ou plutôt, ce déni de justice, cette spoliation. Il faut, prétend M. Guizot, que l'intelligence soit balancée par la fortune! Misérable sophiste! impudent charlatan! avez-vous toujours parlé ainsi? Non. Vous n'avez pas été toujours aussi ridicule, ou aussi odieux. Je ne sais si nous devons vous en féliciter... mais eussiez-vous toujours tenu le même langage, pensez-vous que la raison publique s'en fut contentée? Qu'est-ce que c'est, dites-moi, qu'une fortune qui balance une intelligence? Qu'est-ce que cela veut dire, et où pouvez-vous avoir trouvé le courage de débiter tous vos cyniques paradoxes, à la tribune, en face du pays et de l'Europe? Ne trouveriez-vous pas plus juste de balancer, au contraire, la fortune par l'intelligence? car nous savons hélas! qu'il ne suffit pas d'être riche pour être un homme de génie, pas même pour avoir le sens commun, pas plus que pour être un homme de conscience et d'honneur. Qu'en pensez-vous, Monseigneur?

Mais que dis-je? la fortune elle-même est repoussée du collége, si elle ne se présente à la porte sous les traits d'un bouvier en sabots, en sac de coutil, en chapeau rabattu, portant la houe et brandissant l'aiguillade!.... Il y a tel rentier qui se promène en voiture et qui a des laquais, sans payer un sou foncier. Celui-là, s'il veut voter est obligé d'acheter une vigne, un champ ou un moulin. Alors la loi se prosterne et salue. Vous récoltez du vin, ou vous minotez de la farine.... entrez, monsieur, vous êtes digne d'être représenté. Vous vivez bêtement de vingt mille francs de rente en portefeuille; de plus, vous avez du talent, de l'instruction; vous êtes né orateur ou poète, vous êtes un savant publiciste, un profond mathématicien; la France est fière de posséder en vous un de ses hommes illustres, un de ses enfants privilégiés... Au large, on ne passe pas! le droit électoral n'est bon que pour celui qui vient de perdre à l'orage dernier, son foin, son blé, son millet et ses haricots!... Mais nous aurions tort de nous plaindre, car la charte nous offre cette puissante consolation : *Tous les Français sont égaux devant la loi, quels que soient d'ailleurs leurs titres et leurs rangs!*

Il est temps, je le répète, de ne plus se payer de

mots, de réaliser, *par nous-mêmes*, les promesses qu'on ne veut pas accomplir, et d'*exiger* l'exercice *réel* des droits qui sont notre unique garantie.

Tout homme qui figure sur le rôle des contributions, qu'il soit ou qu'il ne soit pas propriétaire, s'il n'a perdu ni ses facultés intellectuelles, ni ses droits civils, tout homme qui a domicile, qui n'est ni un malfaiteur ni un vagabond, a le droit imprescriptible d'être représenté à la tribune française :

Parce qu'il est français.

Parce qu'il paie un impôt direct.

Parce qu'il subit, comme vous, comme moi, comme tous, la grêle intarissable des impôts indirects.

Parce qu'il a payé par lui, ou qu'il paye par ses enfants, l'impôt terrible du sang !

Parce qu'il obéit à toutes les lois qui restreignent sa liberté ou diminuent son budget.

Enfin parce qu'il faut qu'il ait *réellement* donné mandat à ceux qui vont faire des lois, pour qu'il soit soumis à ces lois, et qu'il ne peut être *engagé* que par ceux qu'il a *expressément chargés* de s'engager pour lui. Il me semble que ce sont là des vérités palpables, et non d'insaisissables abstractions. J'ajoute que la souveraineté nationale ainsi entendue, se développant autour d'un pivot immuable, présentant tous les caractères de la sincérité élective, et donnant une entière satisfaction à tous les droits légitimes, est le seul moyen de paralyser le despotisme et d'anéantir l'anarchie. Le vote national, il ne faut pas l'oublier, n'est pas une création nouvelle; il fait partie intégrante de la constitution séculaire de la France, et les états généraux, si souvent convoqués avant 1789, sont une preuve évidente que l'intervention de la nation dans les affaires de l'état, fut toujours l'un des éléments rudimentaires de cette constitution, dont la royauté héréditaire était la clé de voûte. La nation française repose donc sur un principe politique, traditionnel et fondamental qui remonte aux siècles reculés de notre monarchie, mais qui a été, je le dis hautement, sans cesse altéré jusqu'à nos jours, tantôt par les usurpations féodales, tantôt par le délire brutal de la démogagie, tantôt par les haines réactionnaires des restaurations, enfin par la sordide cupidité d'une poignée d'histrions qui ont porté le pillage au pouvoir et traitent la France en pays conquis. Ce principe est le principe héréditaire appuyé sur le concours des assemblées nationales.

L'on doit donc considérer comme sacré, incontestable, le droit qu'a chaque citoyen de voter l'impôt par lui ou ses mandataires. Ce droit une fois reconnu, il ne s'agit plus que de rechercher quel en sera le mode d'exercice.

Je déclare d'abord que quelles que fussent les difficultés d'application, s'il en existait, ces difficultés devraient, à tout prix, céder devant l'existence d'un droit formellement reconnu. Il n'y a pas de droit qui ne porte avec lui son mode d'application. Mais si l'on médite cette question avec sang-froid et impartialité, si on l'aborde sans préjugés et, surtout, sans mauvaise foi, on se convaincra facilement que les prétendues difficultés du vote universel sont plus illusoires que réelles. Elles se réduisent, en effet, à cette simple alternative : faut-il admettre le vote direct, ou bien le vote à plusieurs degrés ?

Je ne dois pas dissimuler que le premier me paraît moralement et matériellement impraticable. Je m'explique.

Il faut, avant tout, qu'une élection réunisse les caractères de l'intelligence, de la liberté, de la sincérité. Il faut qu'un homme qui accorde son vote, le fasse avec connaissance de cause ; qu'il sache ce qu'il veut et ce qu'il fait ; qu'il connaisse son candidat, c'est-à-dire, qu'il ait confiance dans son aptitude et dans sa vertu ; qu'il puisse enfin apprécier les conséquences et la portée de l'acte qu'il va accomplir. Sans cela, l'élection serait viciée dans son principe, et la représentation faussée dans son but et dans ses résultats.

Supposons, un instant, que les habitants des villes, vivant par la multiplicité de leurs relations dans une sorte d'atmosphère politique, et pouvant mutuellement s'instruire, s'initier dans les affaires par la lecture des feuilles publiques et les discussions de la place ou du café, fussent capables de raisonner un vote direct, qui s'appliquât immédiatement au député... pourrait-on étendre l'hypothèse aux habitants des campagnes ? Cette extension serait impossible et presque ridicule, parce qu'elle est contraire aux habitudes de cette classe de citoyens. Tout le monde a pu se convaincre que les habitants des champs n'ont que des besoins et des intérêts, mais qu'en général, ils n'ont ni opinions politiques ni assez de lumières acquises pour comprendre dans toute son étendue, la mission d'un représentant de la France et la gravité des devoirs que cette dignité lui impose. Appeler donc tous ces bons villageois pour concourir directement à la nomination d'un député, ce serait, je ne crains pas de le dire, rabaisser la représentation nationale, et la livrer à l'ignorance, à l'intrigue, à l'anarchie du hasard. Voilà pour la *moralité* de l'élection.

Quant aux impossibilités matérielles, elles sont encore plus faciles à saisir. Le droit électoral n'étant aujourd'hui le partage que de l'aisance et de la fortune, il ne faut pas s'étonner que ceux qui en sont investis se soumettent aux dépenses inséparables de son exercice. Mais si ce droit est étendu à tous les citoyens, peut-on croire que ceux dont les ressources sont restreintes et souvent insuffisantes, voudront, pour se rendre au chef-lieu, des parties les plus reculées de leur département, augmenter encore leur gêne, par des frais de voyage, d'auberge et de séjour? Le propriétaire et le cultivateur sont modestes dans leurs goûts, et peu disposés à semer leur argent sur les grands chemins. C'est qu'ils savent ce que l'argent leur coûte et qu'ils en connaissent tout le prix. Si donc on soumettait les électeurs à un déplacement aussi ruineux, on peut être convaincu que la réforme serait pour eux comme non avenue, parce qu'ils refuseraient d'utiliser leurs droits.

D'un autre côté, tous ceux qui se rendraient à leur poste, voudraient-ils subir toutes les vicissitudes du scrutin? Ne voyons-nous pas aujourd'hui comment les choses se passent? La phalange des corrupteurs et des corrompus marche seule, compacte, patiente, tenace, acharnée, infatigable... Les autres, foule légère, insouciante et indisciplinée, compromettent souvent le succès par l'impatience du départ, et livrent le champ de bataille à l'avide gloutonnerie des animaux carnassiers intéressés à la curée!....

Enfin devrons-nous faire entrer en ligne de compte le désordre inséparable d'une assemblée qui par le nombre indéfini de ses membres et les éléments étérogènes qui la composeraient, finirait inévitablement par dégénérer en cohue.

Ces rapides considérations suffisent, ce me semble, pour faire écarter le vote direct comme illogique, inintelligent et radicalement inapplicable.

Reste donc le vote à plusieurs degrés qui nous offre seul, toutes les garanties de réalité, de sincérité et d'*universalité* d'élection.

Que ceux qui redoutent le suffrage universel comme devant être l'instrument fatal de leur chute, lui attribuent des dangers chimériques, et le présentent sous les couleurs les plus sombres ou les plus ridicules, on le comprend. Mais ce n'est pas à eux, je le répète, que la réforme s'adresse. Elle fait un appel à 35,800,000 habitants; elle va frapper à la province, au département, au canton, à la commune, au village, à la chaumière et à l'atelier.... Elle répand la vie politique, et porte avec elle la destruction du monopole, l'antidote souverain de la corruption et la pureté du système représentatif. Tous ces bienfaits, elle s'engage à les réaliser, sans danger, sans désordre, à l'instant et à coup sûr.

L'organisation territoriale et administrative de la France, telle qu'elle existe aujourd'hui, renferme la solution du problème. La commune, le canton, l'arrondissement, le chef-lieu, telles sont les divisions qui peuvent servir de base au nouveau mécanisme électoral. Il faut que la représentation nationale, par les ramifications du vote général, aboutisse à la commune qui est le principe alvéolaire de la grande famille française. Il faut que par un système gradué, toutes ces subdivisions de territoire et de population s'engrènent les unes dans les autres, et forment une sorte de chaîne hiérarchique de diverses représentations. Par exemple :

La commune. — Assemblée communale composée de tous les habitants qui réunissent les simples conditions déterminées par la nouvelle loi. Elle procède à l'élection d'un certain nombre de ses membres qui, possédant la confiance et les sympathies de la majorité, sont chargés de la représenter à une assemblée supérieure.

Il est facile de comprendre que ce premier degré d'élection n'exige pas le discernement profond, l'intelligence élevée, les connaissances pratiques nécessaires pour la nomination directe d'un député. L'ouvrier, le cultivateur, le dernier villageois peuvent concourir à cette première épreuve dans la mesure et les limites de leurs facultés morales et matérielles.

Le canton — assemblée cantonnale, composée des délégués des communes. Elle procède à l'élection de ceux qui doivent former l'assemblée provinciale, départementale, ou d'arrondissement, selon les délimitations qui seront adoptées par la loi réformatrice.

Le département — assemblée des électeurs définitifs qui, résumant en eux les volontés hiérarchiquement recueillies de l'universalité des contribuables, procèdent enfin à l'élection des deputés.

Voilà quelle est l'ébauche rapide et approximative du système. Où donc est le danger? Où est le désordre? et qu'on me signale les difficultés? N'avons-nous pas des exemples d'élections générales et très étendues, qui sont passées dans nos lois, dans nos habitudes et dans nos mœurs? Une commune ne se réunit-elle pas en assemblées périodiques pour élire ses conseillers municipaux? Pourquoi cette commune ne pourrait-elle se réunir pour envoyer quelques hommes au canton comme elle les envoie au conseil? La garde nationale n'est-elle pas organisée par un système d'élections universelles plus étendues encore? *Tous les Français* sont appelés au service, sauf les incompatibilités, les exemptions et les exclusions. Eh bien! tous ces français concourent à la nomination, *par la voie du scrutin*, des officiers et sous-officiers de leurs compagnies respectives. Je ne sache pas que ces réunions enfantent des tempêtes, et pourtant, c'est la partie la plus vitale et la plus active de la France qui est dans ces moments, en mouvement et en action?

Le programme de la réforme se justifie donc et se résume en ces termes :

Droit inviolable de tous;
Exercice *réel* de ce droit;
Facilité d'application.

Sans doute, la première organisation qui va surgir! pourra d'abord n'être pas parfaite. Elle aura, peut-être, quelques défectuosités d'ensemble ou de détail. Mais il en est ainsi de tous les progrès sociaux, des découvertes scientifiques ou industrielles, et de toutes les institutions humaines. L'expérience les complète ou les modifie. Ce n'est pas une raison pour renoncer à leurs bienfaits. Le moment est venu de purifier notre atmosphère, et de promener le souffle national sur les miasmes stagnants et délétères qui nous assiégent de toutes parts. L'heure du réveil a sonné. Le voile qui, depuis plusieurs années, dérobait à nos regards les scandales électoraux, parlementaires et administratifs, dont la France entière est de plus en plus la victime, commence enfin à se déchirer... Les coupables qu'enhardissait l'impunité, sont démasqués; les superbes se taisent et tremblent; l'opinion publique s'émeut, la justice nationale se lève, les événements s'amoncèlent dans l'avenir; nous marchons évidemment à une débacle politique, et les hommes qui vont tomber du pouvoir, lègueront à leurs successeurs un triste héritage d'embarras, de déficits, de hontes, de misères, de mécontements, de méfiances, de désordres et d'inextricables abus...

Dans cette situation précaire, désespérée, que nous a faite le système corrupteur enfanté par la révolution de 1830, le concours universel de la France aux élections, ne le perdons pas de vue, est à la fois un droit inaltérable, un devoir inflexible, un besoin impérieux, un moyen assuré d'effacer nos taches et de cicatriser nos plaies. C'est enfin une consolation et une espérance, une garantie de sécurité, de grandeur, de renaissance et de prospérité pour l'avenir.

Il faut que les besoins et la volonté de la nation entière l'emportent sur la résistance des vampires qui l'épuisent.

Il faut que la réforme électorale et parlementaire aille constamment, sans relâche, et sans cesse et toujours, déposer sa carte de visite à la tribune...

Il faut opposer à la systématique opiniâtreté des refus, l'infatigable persistance d'une irrésistible et inexorable fermeté...

A ces hommes, enfin, qui nous répondent avec un despotique dédain : *Vous ne l'aurez pas*, il faut répliquer tous les jours, à toute heure et à chaque instant : NOUS LA VOULONS...... Vous nous la donnerez.... ou nous la prendrons.

. . . .

Mais pourquoi vous obstineriez-vous à refuser la réforme ? De deux choses l'une : Ou vous avez confiance dans la nation ; ou vous avez de sérieux motifs pour vous méfier d'elle....

Dans le premier cas, la réforme est votre salut, car vous avez besoin de vous retremper dans le vœu national. Dans le second, vous devez reconnaître que vous avez trompé la France, puisque vous n'osez paraître devant elle.... Il n'y a pas de milieu : ou acceptez la réforme, ou subissez la flétrissure des traîtres !... Ne criez plus à l'audace et aux passions des partis.... Tous les partis, aujourd'hui, s'effacent et se réunissent dans le grand parti national..... Mais vous, qui affectez la pitié pour l'*entêtement* et la *folie* des réformistes, tout en redoutant les rapides progrès de leur puissance et la contagion croissante de leurs doctrines ; vous qui prétendez être la pure et sainte expression des volontés libres, des sympathies universelles de la France, et qui ne représentez autre chose que la haine, la conspiration, la cupidité, la couardise, la honte, le cynisme, la dégradation, le pillage et l'immoralité... Vous tous, écoutez bien ceci : si vous n'êtes pas de méprisables saltimbanques ; si vous n'êtes pas de ténébreux spoliateurs ; si votre conscience (supposons un instant que vous en ayez une), ne renferme dans ses profondeurs aucun regret, aucun remords; si lorsque vous voulez légitimer votre origine en vous disant nos représentants, vous n'êtes pas d'impudents imposteurs; si, enfin vous n'êtes pas dominés par le sentiment de votre usurpation et de vos dangers; si la nation vous protége, si elle sanctionne vos actes et si elle vous adopte, suivez-nous, marchez..Paraissons devant elle! fiers et illustres conquérants, ce sont vos vaincus qui vous envoient ce défi; l'acceptez-vous?.... N'entendez-vous pas que vous êtes tous les jours accusés de félonie, et qu'il vous importe de traduire le mensonge, la diffamation et la calomnie à la barre de la nation, dont les arrêts peuvent seuls changer votre manteau d'infamie en robe d'innocence, et couvrir le stigmate réprobateur qui flétrit vos fronts, de couronnes immortelles et de palmes triomphales?... Assez d'hypocrites dédains et de subterfuges surannés... Si vous êtes les hommes de la nation, jetez-vous dans ses bras, elle vous prendra sous son égide. Mais si, au contraire, vous n'êtes que ses implacables ennemis, si vous n'êtes pas encore assez gorgés de sa substance et saturés de ses mépris; si vous n'avez pas encore assouvi votre bande famélique... Si, encore fiers de votre profonde et calamiteuse incapacité, vous refusez d'abdiquer vos pouvoirs usurpés pour devenir les Metternich de la honte, les doyens de la couardise, les Nestor de la trahison... Hommes du pouvoir, entendez-le bien : la réforme est pour vous le cercle de Popilius... Enfants adultérins des barricades, héros de la voltige, de l'*équilibre* et de la prestidigitation, votre étoile a disparu, votre règne est fini, et votre cause est jugée pour jamais!.....

Toulouse, Imprimerie de Delsol.

POUR PARAITRE PROCHAINEMENT :

Réforme parlementaire.

Réforme administrative.

Réforme postale.

Réforme judiciaire. Civile. Criminelle.

Réforme pénitentiaire. — Prison préventive. — Cellules. — Abolition de la peine de mort.

Réforme militaire. — Travaux publics.

Les fortifications de Paris.

Réforme de la légion-d'honneur.

La colonisation de l'Afrique.

Organisation du travail. — Extinction de la mendicité.

ERRATA.

Page 7 : ne leur fait même l'honneur —*lisez :* ne leur fait *pas* même l'honneur.

Page 37 : soumet la riche Amérique à la *foi* du plus fort —*lisez* : à la *loi* du plus fort.

Page 67 : Cinq-*Marc*— *lisez* : Cinq-*Mars*.

Page 75 : à la suprématie morale *qui* lui réservait l'avenir — *lisez* : *que* lui réservait l'avenir.

Page 76 : que de probité et l'absolutisme, vaut mieux — *lisez :* que *la* probité de l'absolutisme vaut mieux.

Page 94 : vont subir la loi du talion et se dévorer entre..... —*lisez* : se dévorer entre eux.....

www.ingramcontent.com/pod-product-compliance
Ingram Content Group UK Ltd.
Pitfield, Milton Keynes, MK11 3LW, UK
UKHW012209240726
13966UKWH00002B/666